破解幼儿园园长的 50 个管理难题

苏晓芬　张晓娟　吴丽瑛　著

中国轻工业出版社

图书在版编目（CIP）数据

破解幼儿园园长的50个管理难题/苏晓芬，张晓娟，吴丽瑛著．—北京：中国轻工业出版社，2019.2（2024.9重印）
ISBN 978-7-5184-2102-2

Ⅰ.①破… Ⅱ.①苏… ②张… ③吴… Ⅲ.①幼儿园－教育管理 Ⅳ.①G617

中国版本图书馆CIP数据核字（2018）第213641号

保留所有权利。非经中国轻工业出版社"万千教育"书面授权，任何人不得以任何方式（包括但不限于电子、机械、手工或其他尚未被发明或应用的技术手段）复印、拍照、扫描、录音、朗读、存储、发表本书中任何部分或本书全部内容（包括但不限于光盘、音频、视频等）。中国轻工业出版社"万千教育"未授权任何机构提供源自本书内容的电子文件阅览、收听或下载服务。如有此类非法行为，查实必究。

责任编辑：吴　红　牟　聪　　　责任终审：杜文勇
策划编辑：吴　红　　　　　　　责任校对：刘志颖　　　责任监印：吴维斌

出版发行：中国轻工业出版社（北京鲁谷东街5号，邮编：100040）
印　　刷：三河市鑫金马印装有限公司
经　　销：各地新华书店
版　　次：2024年9月第1版第6次印刷
开　　本：710×1000　1/16　印张：17
字　　数：158千字
印　　数：13001—15000
书　　号：ISBN 978-7-5184-2102-2　　定价：48.00元
读者热线：010-65181109
发行电话：010-85119832　　010-85119912
网　　址：http://www.chlip.com.cn　http://www.wqedu.com
电子信箱：1012305542@qq.com
版权所有　侵权必究
如发现图书残缺请拨打读者热线联系调换
241432Y1C106ZBW

前　言

幼儿园园长与中小学校校长一样集教育者、领导者和管理者三种角色于一身。2010年以来，随着国家学前教育三年行动计划的实施，我国学前教育事业实现了跨越式发展。幼儿园数量由2010年的15.0万所发展到2017年的25.5万所，由此涌现出一大批新园、新园长、新教师。民办园、乡镇公办中心园的园长数量增加得尤其快，其中不乏中小学转岗教师和缺少经验的新任园长。他们上岗之初，对幼儿园工作性质了解不足，对幼儿园管理经验缺乏，现实与愿望之间存在巨大的差异，工作中遇到许多问题束手无策，甚至对未来感到迷茫、焦虑、困惑……如何走好职业生涯的第一步，如何应对纷繁复杂的棘手问题，是入职初期的新园长的共同话题。

笔者在近年的各类培训项目中，曾与近千位园长交流和沟通，发现园长们在幼儿园管理与发展中有许多困惑与难题亟待解决，于是发放问卷征集园长们的意见，筛选归纳，并根据多年学前教育研究与管理的经验，结合《幼儿园园长专业标准》的要求，提炼出50个典型的"难题"或"棘手"问题案例。如"只有责任、没有权力的园长该怎么当？""班额大导致幼儿园保教质量堪忧怎么办？""当制度与情感发生冲突时，园长该如何应对？""园长如何对名目繁多的检查说'不'？""幼儿园难以留住男教师怎么办？""教师对繁重的案头工作感到头疼，园长该如何处理？"笔者将这些"难题"分别纳入"做个会管理、有智慧的园长""做个懂专业、能研究的园长""做个会引领、善育人的园长""做个能拉手、会共育的园长"这四方面的内容中，每一"难题"均分"案例再现""案例分析""解决策略""温馨提示"四个部分呈现。

这些典型案例都是在园长管理过程中产生的难题或问题,"案例再现"部分把读者引入真实生动的现场中,使读者能够身临其境感受问题,产生共鸣;从"案例分析"中提炼此类问题的普遍性特点;从"解决策略"中可以看到园长的解决方案与过程,体现园长的智慧与经验;"温馨提示"部分则是笔者通过案例所引发的思考或强调的问题。

幼儿园管理是一门科学,更是一门艺术。园长的价值观、教育观、儿童观对幼儿园的组织文化、发展方向、发展速度以及保教质量起着决定性的作用。本书作者是一位资深教研员和两位在管理岗位工作近二十年、有丰富管理经验的"老园长",案例均来自他们的亲身经历或由身边同行提供原始素材加工而成。"教学有法,教无定法",管理如同教学,没有标准答案,只有原则和方向。案例中的解决策略也许不能适用于所有幼儿园,解决方案更非尽善尽美,但希望能给同行们提供思路与方法、借鉴与参考。

感谢在笔者征求意见过程中积极配合,提出"真问题、真难题"的园长们,考虑到对同行的尊重与隐私保护,文稿中所呈现的幼儿园及姓名均属虚构。还要特别感谢万千教育的编辑吴红老师,他提出本选题,并在编写过程中认真审阅提纲和样稿,不断提出写作与修改建议。由于时间仓促,作者水平有限,本书必定存在诸多不足之处,恳请读者提出宝贵意见。

苏晓芳
2018年5月

目 录

第一章 做个会管理、有智慧的园长

难题1：只有责任、没有权力的园长该怎么当？ ……………………… 3

难题2：遇到突发事件时，园长该如何处理？ …………………………… 7

难题3：当制度与感情发生冲突时，园长该如何应对？ ……………… 11

难题4：如何领导"自我意识强而集体意识弱"的教师？ …………… 14

难题5：当教职工对工作缺乏热情时，园长该如何面对？ …………… 17

难题6：园长如何对名目繁多的检查说"不"？ ……………………… 22

难题7：如何均衡聘用员工与正式职工的激励措施？ ………………… 27

难题8：前任园长离任留下问题，新任园长怎么解决？ ……………… 31

难题9：教职工对"自下而上"的管理方式有抵触心理怎么办？ …… 36

难题10：绩效考核导致教师对班集体工作不上心怎么办？ ………… 40

难题11：幼儿园档案管理混乱，教职工疲于应付检查，该怎么办？ … 46

难题12：园长如何协调"红花"与"绿叶"层面教师的发展？ ……… 53

难题13：教师不服管理，当面顶撞领导，故意使园长难堪，该怎么办？ … 57

难题14：如何在幼儿园里做到对教师的孩子一视同仁？ …………… 62

难题15：二孩政策来临，园长如何面对教师孕妇群体？ …………… 67

难题16：年度评优暗流涌动，园长如何辨析并有效处理？ ………… 71

第二章　做个懂专业、能研究的园长

难题 17：上级规定幼儿园不准使用教材，幼儿园课程该如何实施？ … 79
难题 18：幼儿园教师参与教研活动热情不高怎么办？ …………… 84
难题 19：班额大导致幼儿园保教质量堪忧怎么办？ ……………… 90
难题 20：如何正确理解课程游戏化与游戏化集体教学活动？ …… 95
难题 21：幼儿园怎样有效地组织与举办大型活动？ …………… 100
难题 22：当教师为课题犯难的时候，园长该如何引导？ ……… 107
难题 23：幼儿园要办出特色，园长该如何作为？ ……………… 113
难题 24：幼儿园到底需要什么样的环境？ ……………………… 119
难题 25：幼儿园的观摩教学活动缺乏实效怎么办？ …………… 125

第三章　做个会引领、善育人的园长

难题 26：幼儿园难以留住男教师怎么办？ ……………………… 131
难题 27：幼儿园里青年教师居多，怎样促使他们快速成长？ … 137
难题 28：幼儿园教师出现严重的职业倦怠，园长该如何应对？ … 141
难题 29：教师对繁重的案头工作感到头疼，园长该如何处理？ … 146
难题 30：幼儿园高学历教师不能安心工作，园长该如何应对？ … 151
难题 31：员工爱发牢骚，影响士气，园长该如何应对？ ……… 156
难题 32：年轻教师不愿意承担保育工作，园长该如何应对？ … 160
难题 33：新手教师不熟悉幼儿园工作，园长该怎么办？ ……… 166
难题 34：教师们的理论水平不够高，园长该怎么办？ ………… 170

第四章　做个能拉手、会共育的园长

难题 35：家长强烈要求幼儿园"小学化"，园长该怎么应对？ … 177
难题 36：农村家长不配合幼儿园的教育工作怎么办？ ………… 184

难题 37：当幼儿间发生"矛盾冲突"，家长出面"解决"时，该怎么办?… 190
难题 38：如何应对"喜欢闹事"的家长? …………………………………… 194
难题 39：幼儿园如何应对家长的误解与质疑? …………………………… 200
难题 40：家长突然叫来媒体，要曝光幼儿园，园长该如何应对?… 207
难题 41：园长该如何平息班级换老师引起的风波? ……………………… 214
难题 42：面对过分溺爱、迁就、放纵孩子的家长怎么办? ……………… 218
难题 43：家长联名要求幼儿园劝退某个孩子怎么办? …………………… 222
难题 44：开学时间到了，幼儿园的装修工程没完工怎么办? ………… 227
难题 45：面对把教育责任推给幼儿园的家长，园长该怎么办? ………… 231
难题 46：如何开好第一次新生家长会? …………………………………… 236
难题 47：幼儿在园受伤，园方该如何妥善处理? ………………………… 242
难题 48：面对被"针扎"的棘手事件，园长如何处理? ………………… 246
难题 49："不同寻常"的意外事故发生时，园长该如何应对? ……… 253
难题 50：家长强烈要求在教室里安装监控，园长该怎么办? ……… 257

第一章

做个会管理、有智慧的园长

管理，既是一门科学，也是一门艺术。幼儿园的管理也是对人、财、物、时间、空间、信息等独有资源的计划、组织、协调、控制的过程。"麻雀虽小，五脏俱全"。如何管理好一所幼儿园是需要园长学习与思考的问题。在书本中可以找到"管理的基本原理"，但实践中永远没有标准答案。不同发展时期、不同园所情况、不同人员配备、不同基础条件的幼儿园情况也不同，每天都有棘手的管理问题发生。园长会不断遇到五花八门的难题：如何均衡责、权、利之间的关系？如何更好地管理好"人"？如何科学使用"制度"？怎样考核激励员工更合理？如何处理幼儿园面临的"难事"与"突发事件"？此章案例中园长在处理"难题"时既能了解并熟知各项政策法规，以法和制度为依据，审时度势，又能运筹帷幄，运用制度约束人，应对方案中体现管理艺术与机智。优秀园长的成长，学习与历练缺一不可。

附:《幼儿园园长专业标准》园长专业职责之"优化内部管理"

专业职责		专业要求
五、优化内部管理	专业理解与认识	41. 坚持依法办园，自觉接受教职工、家长和社会的监督。 42. 崇尚以德治园，注重园长榜样示范、人格魅力、专业引领在管理中的积极作用。 43. 尊重幼儿园管理规律，实行科学管理与民主管理。
	专业知识与方法	44. 掌握国家对幼儿园管理的法律法规、政策要求和园长的职责定位。 45. 熟悉幼儿园管理的基本知识，了解国内外幼儿园管理的先进经验。 46. 掌握幼儿园园舍规划、卫生保健、安全保卫、教职工管理、财务资产等管理方法与实务。
	专业能力与行为	47. 形成幼儿园领导班子的凝聚力，认真听取党组织对幼儿园重大决策的意见，充分发挥党组织的核心作用。 48. 建立健全幼儿园管理的各项规章制度，严格落实教师、保育员、保健医、保安、厨师等岗位职责，提高幼儿园管理规范化、科学化水平。 49. 建立教职工大会或教职工代表会议制度，推行园务公开，尊重和保障教职工参与幼儿园管理的民主权利，有条件的幼儿园可根据需要建立园务委员会。 50. 建立和完善幼儿园应急机制，制定相应预案，定期组织安全演练，指导教职工正确应对和妥善处置各类自然灾害、公共卫生、意外伤害等突发事件。

难题1：只有责任、没有权力的园长该怎么当？

【案例再现】

在大力发展学前教育的春风下，某镇在中心小学旁边建起了镇中心幼儿园。镇上的适龄儿童可以就近入园，从而为当地群众解决了孩子无园可上的难题。群众奔走相告，蜂拥而至，方圆六七公里内的家长都想将孩子送到环境好、收费低的公办幼儿园。只能容纳180名幼儿的幼儿园接收了近400名幼儿。上级主管部门给中心园委派了一名有幼教工作经验的张园长，但幼儿园隶属于镇中心校，由中心校校长全权负责管理，张园长既无财权又无人权。

招收了400名幼儿，教师从哪里来？县教育局在建园之初已经按照班额配置了部分小学转岗教师，但按照180名幼儿来配置的教师尚远远不足，更何况现在有400名幼儿……只能超班额编班，每班幼儿人数达到60～70人，密密麻麻地坐满了教室。

由于管理人员及教师多数从小学转岗而来，所以幼儿园沿用了小学的作息时间安排，以"上课"为主要方式。张园长多次找校长协调，一是要求配备专业的幼儿园教师，二是要求购买足够的生活用具、玩教具、玩具柜等。经张园长争取，校长将两位五十多岁即将退休的男教师配给幼儿园，至于购买玩教具，校长以经费紧张为由拒绝。张园长多次找校长讲道理、摆事实，仍然无济于事。

【案例分析】

随着学前教育三年行动计划的实施,我国学前教育得到了长足的发展,幼儿园数量迅速增加,学前教育毛入园率从 2009 年的 50.9% 增长至 2015 年的 75%。但教师的成长速度远远赶不上幼儿园数量增长的需求,从中小学转岗或从社会公开招聘教师成为补充教师的主要渠道。部分幼儿园属于小学(中心校)附属幼儿园,类似于案例中幼儿园的情况不在少数。三新(新建幼儿园、新园长、新教师)幼儿园数量迅速增加,由于从业者对学前教育的理解有偏差,园长或主管者的幼儿园管理经验欠缺,教师的保教能力严重不足,这些幼儿园的保教质量堪忧。

【解决策略】

张园长所学专业为学前教育学,理解学前教育具有很强的专业性,并不是简单的"入学前教育准备"。她针对遇到的问题,采取了如下解决措施。

一、改变不了现状与领导,先改变自己

利用国家支持项目,通过园长岗位培训、西部农村校园长短期培训、浸入式交流、教师转任交流等形式,与有热情、爱学习的教师走出去,了解学前教育发展的动态、幼儿园管理的基本要求、保教规范、幼儿园课程与游戏等,转变观念,学以致用,受培教师返校后再对教师们进行培训,逐步让园内教师了解幼儿园教育与小学教育的本质区别。从改变一日生活作息时间开始,逐步关注生活、关注游戏中的教育价值……改变不了领导的观念,就先让自己变得专业,尽自己所能引领教师发展,逐步使幼儿园脱离"小学化"教学组织形式。让自己先变得专业起来,才能有更好的说服力。

二、引领家长转变观念，赢得家长的认可与支持

家长的评价对幼儿园的声誉很重要，视家长为合作伙伴及幼儿园教育的参与者、推动者、促进者，对于形成良好的家园共育关系非常重要。《幼儿园工作规程》《国务院关于当前发展学前教育的若干意见》《幼儿园教育指导纲要（试行）》都强调家园共育工作的重要性，认为幼儿园要"营造良好的家校关系、争取家长的支持与理解""本着尊重、平等、合作的原则，争取家长的理解、支持和主动参与"。一方面，幼儿园要积极宣传科学保教知识。可利用家长会、微信平台、名家对话、家长沙龙等，让家长了解《3—6岁儿童学习与发展指南》，知晓什么是"儿童的学习""儿童学什么""儿童怎么学"，理解"生活与游戏对于儿童发展的价值"，配合幼儿园，进而减少"小学化"教育的要求。另一方面，幼儿园要吸纳家长资源，引导家长参与幼儿园教育活动，形成教育合力。可吸纳关心幼儿教育、有热情的家长，建立家长委员会，让家长们参与到幼儿园活动中来，挖掘家长资源，引导家长发挥各自的优势，自愿承担助教工作（例如：妈妈会编织、制作丝网花；奶奶会做花面膜，做猫头鞋、肚兜；爸爸会木工活儿，可带领孩子们加工简单的玩教具；爷爷会玩民间游戏，等等），营造良好的共育氛围，让家长认可并支持幼儿园的保教工作。

三、争取项目平台，借助于专业支持，"绑架领导"让领导参与

在幼儿园部分教师转变观念、改变教育方式之后，张园长立即行动起来，重新制定一日生活流程，将大班额孩子分成两部分活动，发动教师、家长和孩子们自制一部分室内外的玩教具，开展区域游戏和户外游戏活动，利用户外场地大的优势开展种植养殖活动，以及踢足球、打篮球、跳皮筋、跳绳等体育活动，并在视导专家的指导下继续丰富游戏活动内容。此外，张园长还争取到全县农村幼教现场会在镇中心园举行的机会，将自己的意图转达给专家。与专家商量之后，她决定在全县大会上请中心校校长介绍幼儿园实施科

学保教的经验，请专家进行点评并针对幼儿园情况提出下一步发展的建议。

"校长在全县现场会上介绍经验"，对于中心校校长来讲极具挑战性，因为平时校长很少过问幼儿园具体的保教管理工作，而且对《幼儿园工作规程》《幼儿园教育指导纲要（试行）》《3—6岁儿童学习与发展指南》等学前教育纲领性文件的要求知之甚少，张园长并未将此次经验汇报稿的写作任务全部承揽下来，而是借此机会与校长共同学习文件要求，将两年来的做法以及取得的成效进行梳理，共同寻找问题与差距。校长在现场会上的交流得到了领导、专家以及同行的高度认可。

交流会之后，校长对幼儿园如何实施科学保教有了进一步的了解，针对教师配备、教师专业培训与发展、资源建设、图书和玩教具购买等，张园长再一次与校长深入交流，校长终于理解了幼儿园与小学的差异，尽最大可能地支持张园长。恰巧教育局组织校长外出参加幼儿园管理专项培训，回来之后，校长的积极性更高。一年之后，幼儿园面貌大为改观，成功晋升为一级园。该幼儿园的发展经验在全县得到推广。

【温馨提示】

（1）此类园长一般为中小学附属幼儿园或者集团下设幼儿园园长，人、财、物的管理权多在上级部门负责人手中，园长只负责日常业务工作。当上级主管领导了解并认同学前教育的专业性时，园长开展工作时就较为顺利；而当他的认知存在偏差时，园长的首要任务就是改变上级的认知。

（2）试图给"上级"讲道理或"洗脑"很难，最佳途径就是借"他山之石"来攻玉，找机会让其参加专业而系统的培训与学习，改变其认知；或者寻找契机，借"他人之口"——请专家或者领导影响之。当然，最重要的是园长的行动力，自己先行动起来，尽己所能地改变现状，做到最好，才有可能感染或影响上级主管领导，争取最大的自主权。

难题2：遇到突发事件时，园长该如何处理？

【案例再现】

案例一：新学期刚刚开学不久的一个中午，幼儿园保健医生正在三楼查班，被楼下的叫喊声吓了一跳。她迅速循声跑下楼，只见二楼几个班的值班老师以及在班内休息的老师都慌慌张张地跑向中二班。原来中二班的一名幼儿全身抽搐，口吐白沫，样子非常可怕。保健医生立刻实施紧急抢救，同时，有人去报告园长，有人主动到园门外去叫车……

案例二：2008年5月12日中午，一阵猛烈的晃动将很多人从睡梦中摇醒，我的直觉告诉我：地震了！我立刻冲出家门跑向幼儿园，在园的老师们已经将大部分孩子或拖、或拉、或抱……疏散至操场上的空旷地方……

案例三：近年来，报纸、媒体屡屡报道幼儿园发生的各类突发事件：某某幼儿园的校车接送孩子出现交通事故，死伤数人；某某幼儿园的数十名学生出现呕吐、不适，已送往医院救治，疑似食物中毒；某某幼儿园出了校园踩踏事故，导致数名幼儿受伤，伤者被送往附近医院，教育、公安等部门介入调查；连阴雨导致某某民办幼儿园的厕所围墙倒塌，数名幼儿死伤；某某幼儿园因数名幼儿患手足口病，导致封班（或封园）……

【案例分析】

上述这些突发事件在幼儿园时有发生。幼儿园是一个为3—6岁无完全行为能力的儿童提供服务的保育和教育机构，其服务对象是一群不能辨别自己行为的性质和后果且自制力和自理能力不足的孩子。发生突发事件时，孩子们基本上不具备自理、自立和自救的能力。因此，幼儿园应建立一套有效的突发事件应急处理机制和详细的应急处置预案，一旦发生突发事件，即刻启动相应的机制和预案，将会使问题得以比较顺利地解决。

【解决策略】

一、明晰突发事件类型，分类制定应急预案

幼儿园常见的突发事件主要有以下几类：

（1）公共卫生事件，主要包括传染病疫情、群体性不明原因疾病、食物中毒、预防接种或群体服药引起的不良反应或人员伤亡。

（2）自然灾害类事件，主要包括地震和洪水。

（3）事故类事件，主要是因公共设施、设备出现问题而导致的安全事故。

（4）社会安全事件，主要指恐怖袭击事件和暴力事件。

（5）意外伤害类事件，主要指火灾、爆炸等。

在明晰了幼儿园常见突发事件类型的基础上，园长组织相关人员分门别类制定应急预案，健全领导机构，明确人员分工及其各自的职责，建立清晰可操作的应急处置流程（对于不同类别的事件，流程应有所区别），制定有针对性的措施，要特别突出不同类别突发事件的侧重点。

二、突发事件一旦发生，立即启动相应预案

有了详细缜密、分门别类、具体可操作的安全预案，突发事件一旦发生，园长立即启动相应的应急预案，严格按照预案中的人员分工各司其职，各负其责，落实措施，有序推进。

三、根据事态发展情况，园长做好危机公关

园长作为幼儿园的第一责任人，应当担任各类突发事件应急处置领导小组组长。在事件发生后，园长的职责首先应该是组织领导启动相应的应急预案，推进各方面工作的有序开展。与此同时，园长最主要的工作就是冷静理智地观察事态的发展，进行必要的危机公关。具体工作为：

（1）与相关管理部门保持必要的沟通，及时掌握事件发展的情况。如果是公共卫生事件，应与教育局、卫生局、食药监局、疾控中心等部门保持联系畅通；如果是暴恐事件，就要与教育局、公安局等部门保持联系……

（2）择机与家长见面，表明园方的态度。园长是否面见家长，主要根据事件的严重程度、家长的反应以及事态的发展情况而定，对于那些园里的主要职能部门或班级教师就能够平复的事件，园长可不必出面，交由中层干部或教师出面应对，由他们及时向园长汇报进展情况，园长遥控处理。对于一些比较严重、影响比较大、家长反应比较强烈的事件，园长要选择合适的机会与家长代表见面，表明园方对事件后续处理的态度，安抚家长的情绪，争取家长的理解。如遇人员伤亡或其他重大事件，则一定要依托国家机关，按照法律程序解决，在处理这类事件的过程中，园长要注意保护自己和员工的人身安全，规避与家长面对面，以免引起不必要的人身伤害。

（3）积极应对媒体，防止事态扩展。幼儿园发生突发事件，往往会惊动媒体，或是家长举报到媒体，或是事态严重造成了极大的社会影响，引起媒体的关注。无论何种原因，只要记者上门，园长就一定要积极应对。对待媒体，堵不是办法，是下策。躲着记者不见，或者见面态度不够友善、与记者发生争执、破坏媒体设备等，都是不可取的。

积极的应对策略是：

首先，要尊重媒体，热情接待记者，用心进行沟通和交流，理解记者的工作性质和肩负的责任。其次，详细介绍事件情况，态度真诚，以得到记者

的理解和帮助，友好协商，控制事态发展。最后，如果事态严重，园长应接受媒体采访，正面发声，表明态度，并承诺积极配合善后工作，给受害者以安抚。

四、加强日常监管力度，严格落实管理制度

（1）健全规章制度，形成考核机制。落实各岗位人员的职责，将各环节要求的执行情况等作为每日检查、每月考核、学期考评的重要指标，严格检查落实，严肃考核考评。

（2）加强安全教育，开展相关培训，组织必要演练。树立"幼儿园安全无小事"的意识，经常开展安全教育，定期组织卫生保健、消防与地震以及突发疾病的应对措施等相关培训，让教职工了解各种消防、地震、疾病的知识和必要的处置方法，以便在关键时刻发挥作用。同时，要根据不同类型的突发事件应急预案组织不定期、不定时的安全演练，使每一位员工熟知自己在不同类型突发事件中承担的职责、扮演的角色、正确的站位等，确保在事件发生时不盲目、不慌乱。

【温馨提示】

突发事件一旦发生，园长一定要沉着冷静，以不变应万变，千万不可慌乱；同时，幼儿园应建立一套突发事件应急演练制度，定期或不定期开展演练活动，使每位员工清晰自己在事件处理中扮演的角色及所担负的职责，以便在事件来临时，所有人都能处事不惊，坚守岗位，履行职责。

难题3：当制度与感情发生冲突时，园长该如何应对？

【案例再现】

案例一：一位平时性格偏执、遇事爱钻牛角尖的教师，因家人患重病需住院手术而请假数月在家照顾，当幼儿园按照制度扣发其工资和奖金时，这位教师情绪非常激动，又哭又闹，表示无法理解，并找到了上级主管部门，投诉说幼儿园管理无情，家人患重病九死一生，家中举债数十万元，日子十分艰难，幼儿园还要扣发工资和奖金。上级领导找到园长说情，看能否考虑实际情况，给予特殊处理。幼儿园园长没有妥协，而是想尽一切办法说服领导，争取领导的理解和支持，坚持按幼儿园的制度处理，虽然事后通过其他方式给予她一些补偿，但这位教师依然感觉幼儿园"不通情理，不近人情"。

案例二：早晨7:20，赵园长接到一位要接早班（7:30是早班教师上班时间）的老师的电话，说路上堵车，7:30赶不到单位。园长告诉她，班可以先找人代接，但现在请假无效。因为单位制度规定，请假必须在自己上班前1小时请，以便留给行政人员充足的时间安排替班的人，绝不允许发现自己要迟到了临时打电话请假。事后，这位老师找到园长申诉，表示不能接受这样的处理，说路上堵车是特殊情况。园长告诉她，制度面前没有特殊情况，如果觉得很委屈，那就接受教训，下次更早出门，留够堵车的时间。

【案例分析】

类似上述案例中的情况，在每一个单位都会发生。园长在管理过程中究竟应该如何把握这种度？如何处理"制度"与"感情"之间的关系？

在管理实践中，经常会遇到"制度"与"感情"冲突的现实问题，而且，往往会发生在那些较为关注自我、计较个人得失、不能站在管理者的角度思考问题，或者不能考虑全局利益的人身上。此类人常常将制度和感情混为一谈，在个人利益受到伤害时无理取闹，无视制度的严肃性。大多数通情达理的人会在自己违反制度时心甘情愿地接受处罚，吸取教训，进行自我修正。有时，情况的确很特殊，但作为管理者，我们总不能一一去调查、验证：今天，这位老师在路上碰到堵车了——特殊；明天，那位老师的孩子生病了——特殊；后天，有老师的家里发生了变故——特殊……一旦有了特殊，就给了爱钻空子的人以可乘之机，那么，制度将形同虚设，同时，也会导致绝对的不公平。

【解决策略】

一、以身作则，率先垂范

任何一个单位，必须制定一系列的规章制度，使管理有章可循，有法可依，让员工心存敬畏，有所约束。但规章制度能否落实、能否发挥其管理作用，园长以身作则，率先垂范至关重要。如果园长违反制度都会被严肃处理，严格执行制度，多数员工自然懂得该怎么做。比如，某园规定，员工的孩子不能进自己的班，员工上班期间不能接收快递，员工上班迟到1分钟"乐捐"5元，等等。这些制度，要求所有管理者必须首先做到，园长也不例外。

二、就事论事，一视同仁

园长在执行制度时要做到严肃认真，一视同仁，敢于碰硬，不偏袒，不论亲疏。只有做到在制度面前人人平等，甚至处理与自己感情好、有共同语言的所谓知己时更铁面无私，不留情面，才能够保证制度的严肃性、严格性，确保制度不流于形式，使员工逐步养成执行制度的惯性。

三、管理无情，领导有情

人常说：领导有情，管理无情，制度绝情。也就是说，我们在严格执行绝情的制度时，体现的是管理的无情，这会让一些违反制度、利益受到伤害的员工不理解、不认同、有意见，甚或与园长发生矛盾和冲突。园长不能因怕矛盾、怕冲突、怕不被理解，而对那些"厉害人"妥协让步。但同时，园长应该是有情有义、有温度的管理者，在管理中更要体现用情管理、走心管理，处处想员工之所想，急员工之所急，了解员工的困难，体恤员工的处境，帮助员工排忧解难。比如，类似上述因请假或违反制度而被扣工资或奖金的老师，如果其家庭经济确实困难，幼儿园也可以给予补助或救济，甚或可以组织员工进行捐助，帮助他们渡过难关。

【温馨提示】

在管理中"制度"与"感情"本来就是一对矛盾，二者永远不能混为一谈，作为园长一定要清楚这一点。在执行制度时必须坚持原则，不可感情用事。只有做到在制度面前人人平等，在制度执行中永不破例，才能很好地体现制度的严肃性和严格性，才能更好地发挥制度的作用。作为园长，一定要牢记人是有情的，但管理有时必须无情。我们可以通过有情的人性，换种方式去弥补管理的无情，实现管理效果的最优。当然，这种方式有些老师开始可能不理解，但只要坚持，并做到人人平等，最终多数人都会理解。

难题4：如何领导"自我意识强而集体意识弱"的教师？

【案例再现】

一天中午，幼儿园召开教师会议，布置近期的几项临时性工作：一是因部队转隶，幼儿园的上级业务主管单位变更，新的主管单位要下园摸底了解情况；二是幼儿园临时接到一项帮扶任务，要安排大家周末加班赴帮扶园开展工作，需抓紧准备相关材料，以确保帮扶工作顺利开展。业务园长话音刚落，大杨老师立即站起来说："周末我有事，怎么办？"听她这么一说，会场开始躁动起来，个别老师窃窃私语……

星期四的上午，是幼儿园的常态现场教研时间。某周四的课例问题较多，研讨持续到了12:15才结束。李园长在餐厅用午餐时，大杨老师拿着餐具进来打饭。看到她一脸的不开心，李园长马上明白了其中的原因，大杨老师在评课时就多次暗示，时间到了，该吃饭了，中午还有事情。因为评课没有结束，加之她平时也总是这样，保教主任没有理会，继续评课，于是就有了上述的一幕。

【案例分析】

每所幼儿园都会有类似的老师，他们个性鲜明，自我意识极强，自负、自以为是，甚至偏执、唯我独尊，集体意识淡薄，在工作中表现出不服人、不服管，甚至不屑于管理者的管理和领导，常常挑战权威，以证明自己的"实力"和"能力"。但同时，他们的业务能力也很强，工作业绩也比较突出，有主见、有观点，可能担任班长、组长等职，在员工中有一定的影响力，有的可能还是群众领袖，能够代表一部分或是个别得过且过、不思进取的员工的心声。一旦领导不能管理好此类人，就会在单位形成一定的负能量场，给幼儿园的各项工作带来一系列的负面影响。因此，园长应研究有效的措施，使他们身上的优点得到充分展示，给幼儿园带来积极的影响。

【解决策略】

一、真诚理解，用心接纳

众多心理学研究成果表明，一个人一辈子都在寻找童年的缺失。不良的童年生活经验会使一个人产生强烈的不安全感和焦虑感，既而内心严重的焦虑和恐慌渐渐成为支配个体无意识的自卑情结；同时，内心又特别渴望得到别人的尊重和认可，当这种渴望得不到满足时，就导致更深层次的自卑，进而激起更强烈的自我意识和外化的自尊。根据弗洛伊德的经验，儿童时期的不幸心理创伤会使其在成年期形成无意识人格扭曲，以及内向、暴躁、敏感、多疑甚或复杂多变的性格。

纵观生活中形形色色的人，尤其是那些自我意识很强，总是愤世嫉俗、浑身长满刺的人，其性格形成可能与童年的生活经历或所处的生活环境、遭遇的不公平待遇有关，他们与领导作对，对管理不满，对身边的人和事处处质疑，其实，都是因为潜意识里缺乏安全感。笔者多年来所遇到的几个有如此倾向的人，有从小被别人收养的，有小时候因家庭变故随母亲改嫁的，有少年丧母的，有从小寄养在别人家的，也有在多子女家庭中最不被父母疼爱的……他们都有一个不正常的童年。因此，园长要真诚地理解他们的心理处境，寻找合适的机会与他们谈心，分析这种性格形成的原因，理解和接纳他们，并给他们精神上的支持，遇事帮他们分析，推心置腹地与他们交流和沟通，帮助他们学会与人相处，通过尊重别人而获得别人的尊重。

二、因人而异，具体对待

自我意识强而集体意识弱的员工可以大致分为两种情形：一种是只要不符合自己的意愿就愤世嫉俗，发表与管理者立场不同的意见和想法，公然挑战权威，表现出对管理者或管理策略的不屑，从而获取存在感，证明自己有"能力"，但往往只是说说而已，说完后该干什么还干什么，对所从事的工作、所承担的职责，从来不打折扣，对自己有要求，对工作有标准，工作质量和业绩仍然很突出。另一种是遇到任何新工作，或打破常规的活动，或临时性的安排，不仅消极言论多，抱怨情绪大，而且平时工作也没标准，总是得过且过，敷衍了事。

对于以上两种不同类型的人，园长在管理策略上应有所侧重。对于前者，允许其表现自己的个性，让其发发牢骚，因为，人想说的时候挡也挡不住，越挡越要说，其实也只是说说而已。这种人想要获取存在感，要证明自己的实力，同时他们也有能力，园长不妨委之以重任，比如让其担任组长、承担对外公开教学、做小型活动主持人等，努力发现其班级工作的亮点，给予表扬，充分发挥其积极的一面，使其在群众中产生积极的影响。而对于后者，园长可以结合单位的制度要求、工作标准进行有针对性的师德教育或个别谈话，晓之以理，动之以情，帮助其转变思维模式，树立正确的三观。但如果教育无效，屡教不改，则可以将其边缘化，因为这种人在每个单位都只是个别的，成不了气候，园长要学会接纳。

【温馨提示】

管理是一门艺术，要面对形形色色的人，尤其是对待这些自我意识很强而集体意识又很弱的人，园长更要讲求管理的艺术性，晓之以理，动之以情，想办法走进他们的内心世界，去了解他们、理解他们、接纳他们。

难题5：当教职工对工作缺乏热情时，园长该如何面对？

【案例再现】

朋友圈里很多教师热火朝天地做起了微商，包括从幼儿园到大学不同教育机构的教师，商品五花八门，上班时间发消息、上图片、与客户互动，下班后忙着更新朋友圈动态，为客户配送产品……他们的业余时间几乎全部用于"副业"，根本无暇顾及"主业"。

一个偶然的机会，我与一位年轻的幼儿教师聊天无意中了解到，很多幼儿教师利用自己的专业特长在一些培训机构兼课，上舞蹈、钢琴、绘画、英语课，甚至有的在幼小衔接班教拼音、写字，这固然与其"主业"有点关系，但每天奔波于不同的培训机构，不仅影响"主业"的学习和提升，而且影响第二天上班的精力。

【案例分析】

改革开放使中国建立了市场经济体制，经济稳定高速增长，经济实力明显增强，人民生活水平总体达到小康。然而，西方拜金主义和利己主义泛滥，中国传统文化以及社会道德体系在逐利思潮下逐渐丧失，导致社会整体道德水准的下降。市场化过程中的分配不均和整体性的浮躁对教师队伍的冲击和影响不容乐观，教师的人生观、价值观和职业道德也在悄然发生着变化，如有的教师追逐个人名利、重利轻义乃至见利忘义，出现了人格扭曲，有利的事情争着干，无利的事情绕开走，甚至工作讲条件、讲实惠，稍许付出就要回报，敬业精神、奉献精神无从谈起。经常有园长抱怨，现在的教师缺乏职业理想和教育追求，思想浮躁，不能潜心研究、提升业务水平；有的园长叹息，现在的老师不好管，人在曹营心在汉，整天钻制度的空子，上着班还做着兼职，微商、代购、家教、直销……无利不起早；也有的园长担忧，如果一个社会，教师没有了职业理想和教育追求，缺乏了敬业精神，失去了工作的热情和激情，那么教育的未来究竟在哪里？

【解决策略】

一、用教育信仰塑造人

信仰即人们"对某种宗教或某种主义的极度信服和尊重，并以之为行动的准则"。德国思想家雅斯贝尔斯指出："教育需要信仰，没有信仰就不成其为教育，而只是一种教学技术而已。"习近平总书记在2014年教师节讲话中提出："做好老师，要有理想信念；做好老师，要有道德情操。"教师要率先垂范，以身作则，引导帮助学生把握好人生方向。一代文学大师朱自清认为"教育者须对教育有信仰心，应努力成为以教育为信仰的人"。教育是需要信仰的事业，教师应成为有教育信仰的人。马克思认为："我们在选择职业时所应遵循的主要方针是人类的幸福和自我完善。"教师选择教育这一职业并具有教育信仰是与人类的幸福和自我完善亦即个人的幸福密切相关的。

信仰教育并选择教育，而且把它作为一种事业来追求，将使人在这一追求的过程中体验到生命的意义和价值。全国教书育人模范于漪老师一生研究教学、研究学生，她说："我做了一辈子教师，但一辈子还在学做教师。""我始终觉得自己肩上挑着千斤重担，一个肩膀挑着学生的现在，一个肩膀挑着国家的未来！"学前领域也有一些名师名园长，30多年坚守教学一线，虽担任管理工作，依然坚持给孩子们上课，不断地在教学中进行研究探索。他们不仅成就了自己的教师生涯，而且引领着学前教育事业的发展，引领年轻人不断追求教育的理想。这就是有教育信仰的教师，他们把自己的职业当成一辈子的事业去追求，去为之奋斗。在当今浮躁的社会大背景下，很多人没有信仰，教师也严重缺失教育信仰，或者说教育信仰不那么坚定，不那么真诚，功利思想倾向突出，部分教师把教育当成谋生手段，工作动力不足，工作方向不明。因此，园长需要加强教育信仰建设，用远大的职业理想、博大的教育情怀去影响和感染教职员工，激励他们做有信仰的教师。

有了教育信仰，教师所做的一切努力和付出都将成为其内在的需求和自觉的行动，他们自然会把所从事的学前教育工作当成一生的事业去追求，这样教师才能有尊严，有职业荣誉感。教育信仰是教育的最高境界，也是教育之魂。

二、用园所文化凝聚人

园所文化指的是幼儿园的文化。它是以园长、教师、家长等为载体而构建形成的，同时，也需要他们不断地进行传承、积累和创新。物质文化、精神文化、制度文化是幼儿园文化建设的三个方面。只有三者协同发展，才能充分发挥幼儿园文化的导向、规范、激励、凝聚作用，使幼儿园成为教职工快乐、进步的精神家园，成为幼儿和谐、全面发展的乐园。

精神文化是幼儿园的灵魂，是相对于制度的一种"软管理"方式，精神文化一旦深入教职工的骨髓和血液，必将产生一种自然推动的力量。正如当代作家梁晓声对"文化"的表达：植根于内心的修养；无须提醒的自觉；以约束为前提的自由；为别人着想的善良。

幼儿园园所文化的建设是园长的专业能力之一。如某空军幼儿园始终致力于打造幼儿园的园所文化，在重视幼儿园物质文化和制度文化建设的同时，特别关注精神文化的建设。该园在继承和发扬幼儿园光荣传统的基础上形成了特有的园所文化：

"愿景——先一步，高一层，成为幼教行业的持续领跑者"；

"使命——做家长心中首选，树幼教行业典范，创员工成长平台，铸精彩人生开端"；

"核心价值观——关爱尊重、感恩激励、创新务实"；

"团队理念——群策群力，共享共担，以小我成就大我"；

"服务理念——乐观敬业，严谨谦和，以专业服务幼儿，以品质赢得家长"；

"执行理念——突破自我，追求卓越，力克困难，永不言弃"。

没有高调，没有大话，要想实现并非易事，但通过努力定能达成。该园所有教职工为实现幼儿园的愿景和使命付出努力，用行动对"关爱尊重、感恩激励、创新务实"的核心价值观加以诠释，自觉践行团队理念、服务理念、执行理念，使幼儿园形成了一种积极、和谐、高效、不断超越、凝心聚力的工作氛围，幼儿园的孩子、家长及教职工浸染其中，良性互动，真正实现了教职工工作热情高涨、不计较、不推诿、不踢皮球、勇于担当，家园关系健康和谐，家长不挑剔、不找事、倾力支持并密切配合幼儿园。园长深切地体会到用园所文化凝聚人的魅力，教职工从"要我做"转变为"我要做"，乐享工作，体会到职业的幸福感。

三、用先进事迹唤醒人

社会呼唤正能量，教育更需要正能量。党的十七大报告明确指出：加强社会公德、职业道德、家庭美德、个人品德"四德工程"建设。党的十六届六中全会通过的《中共中央关于构建社会主义和谐社会若干重大问题的决定》深刻揭示了社会主义核心价值体系的内涵，明确提出了社会主义核心价值体系的内容。中共十八大报告，明确提出了"富强、民主、文明、和谐、自由、平等、公正、法治、爱国、敬业、诚信、友善"24字社会主义核心价值观。园长应该敏感捕捉积极有益的信息，利用各种会议和政治学习、党团学习等机会组织教职工进行学习、交流和分享感悟。如组织观看"寻找最美乡村教师"大型公益活动颁奖晚会,学习魏书生、李镇西、常萍等业内优秀人物的先进事迹,用他们的先进事迹唤醒教职工的灵魂,学先进、做先进。

四、用规章制度约束人

没有规矩,不成方圆。尽管我们希望用信仰、用文化、用优秀人物等影响、感染和唤醒员工,从而使每个人都能够自动、自发、自觉、自愿地积极热情地工作,但正如人们常说的"有人群的地方就有左中右",在每一个团队中都会有个别境界低、觉悟差、好钻空子、善讲条件的人,因此,幼儿园必须建立健全各项规章制度,在执行制度时一视同仁,永远没有例外,只有这样才能服众,才能真正使制度发挥其约束人的作用。

【温馨提示】

面对当今这样一个特殊的历史时期,园长一定要使自己成为一个有教育情怀的人,一个有使命担当的人,一个有理想信念、有道德情操、有扎实学识、有仁爱之心的"四有"教育人。只有这样,才能营造一种有理想、有追求、有信仰的办园环境,才能培育一批又一批优秀的教师,也才能使幼儿园拥有一个充满工作热情和激情的教师团队。

难题6：园长如何对名目繁多的检查说"不"？

【案例再现】

王园长是城区一所新建公办园的园长，该幼儿园是学前教育三年行动计划的重点项目，建设标准高，以青年教师为主的师资队伍经过几年的培训历练已初露锋芒，教师在各项比赛中脱颖而出，保教工作质量得到群众与领导的认可，幼儿园的发展蒸蒸日上。可随之而来的问题却令园长不知所措……

开园的第二年起，各部门的视导、检查、评估、参观、交流令幼儿园应接不暇，有财政经费检查、政协人大视察、等级办园评估、卫生保健、疾病防控、防火防灾安全检查、创文（创文明城市）创卫（创卫生城市）检查、创食（创食品安全城市）创绿（创绿色城市）文明校园、党建工作、社区办事处工作、行风建设、先进教工之家、先进教科研单位、先进团支部、巾帼文明岗、先进现代技术单位、素质教育评估、双高双普、大学区各类检查，等等，更有甚者，共青团各项宣传、演讲、表演、公益等活动重点都落在幼儿园，因为幼儿园教师工作认真、多才多艺、工作热情高……据幼儿园大事记，全年迎接区级以上检查评估视导多达68次，按照有效工作日计算，平均每周迎接各类检查2~3次。

每一项检查评估都需要全园上下精心准备，档案材料的格式必须按照要求来做，检查要求不同，往往一类工作做几种档案，有些大型的检查如等级验收、素质教育评估、"双高普九"等，往往需要幼儿园花费数周甚至数月时间准备。各种材料收集、整理、补齐（所谓的补齐，是原来没有这个项目，而现在要求有这个项目,只好再补材料,"补",其实往往就是集体造假)之后,还要有专门的场所摆放,大的幼儿园有专门的部室存放各种档案。小型的检查同样需要专人精心准备"应查"材料,因为项目、要求与材料装订形式各不相同,所以所有工作并非一日之功。加之不同的"专家""领导"的指导也各不相同,今天刚按照这位"专家"的要求整理好,明天那位"专家"又要求那样做……园长和教师不知所措。幼儿园里甚至有专人应付各种检查任务。教师们无人可以幸免,因为这些任务最后总得落在教师身上,他们要加班完成各类材料的补充,除了教案之外还有课后反思、开学计划、期末总结、学期论文、班级日志、家校联系卡、家访记录、教研组计划、个人研修计划总结、教研记录、个人成长记录、公开课、青年教师赛教课、小课题研究、继续教育培训、现代教育技术培训、课改培训、骨干教师培训……久而久之,教师没有了入职时的认真与热情,疲于应付,甚至部分教师开始抱怨,出现职业倦怠。

【案例分析】

学前教育三年行动计划实施以来,幼儿园的数量与质量得到了飞速发展。许多地市、县、乡镇涌现出一批基础好、发展快、质量高的幼儿园。教师队伍特点鲜明:工作认真,热情极高,执行力强,工作忘我,不计得失,对于上级的任何要求从不敢也不会拒绝。我国学前教育的管理体制为"地方负责,分级管理和有关部门分工协作",因此各部门对学前教育都具有管理的责任与权力,加之近年来政府对学前教育的重视程度不断提升,各部门如不能提前规划、沟通协调,会导致幼儿园检查、验收、评估、视导应接不暇,严重影响幼儿园保教工作的正常开展。

【解决策略】

一、荣誉有取舍

幼儿园所涉及的相关管理、指导、检查、评估部门可说是目前所有行业中相对比较多的，有：人大、政协、宣传部、文明办、教育局、食品药品监督管理局、妇幼保健站、妇联、工会、团委、公安、消防、未保办、安保办、财政局、卫生局、物价局、审计局、建设局、土地局、园林绿化局、街道、居委会，等等。因为政出多门，各类部门都以为自己的检查、评估非常有必要，有助于幼儿园发展，殊不知如此多的"关爱"，让幼儿园着实难以承受，千条万条线总得从这一个"针眼"过。因此，园长面对上级主管部门的"关注""厚爱""重视"，应该适当取舍，在众多的"××先进单位"荣誉前，清楚地知道幼儿园的职责、使命是"以幼儿为本"，一切工作围绕着幼儿的发展才是有价值和意义的。太多的检查评比会对幼儿园正常的保教工作造成冲击、干扰，影响正常保教秩序，给幼儿园的人力、物力造成巨大耗损不说，各种检查、评比、晋级轮番成为中心任务，教师疲于应付，还能有多少精力对幼儿进行持久、细致的呵护和观察？园长还能有多少时间管理、研究课程、研究幼儿的发展？

静下心来教书，潜下心来育人；少一些功利思想，多一些生本思想；少一些仕途观念，多一些生命意识。要做到这些并不容易。园长"静"，导向才会"静"，氛围才会"静"，教师们才会真正"静"下心来做教育，真正以幼儿为本。

二、迎检有轻重

幼儿园几乎月月都有大型检查，小型、临时性的检查更是从不间断，加上各种参观、交流、跟岗、培训等活动，如果每一项活动与检查都需要举全园上下之力大动干戈，势必影响幼儿园的正常保教秩序。幼儿园工作可谓

"麻雀虽小，五脏俱全"，安全保障、生活照料、教育教学、卫生防控等，任何一项有短板，都会造成严重的后果。幼儿园必须走规范化管理之路，让"规范"和"优秀"成为常态。因此，对于与幼儿园保教管理工作关系密切且必须接受的检查、督导、评估，幼儿园丝毫不能马虎，必须对照标准，查漏补缺，认真进行自查，虚心听取专家同行的意见，使工作更细致、更规范；而对于其他与幼儿园关系不大，属于社会共性工作任务的，则可酌情处理。

三、责任有分工

幼儿园园长负责幼儿园全面工作，既要遵守国家法律法规，还要对幼儿园的人、财、物承担责任。幼儿园既要有健全的管理机构，做到分工明确、各司其职，还要有各类工作的管理制度与流程，实现依据制度管人、按照流程做事。用流程提升幼儿园管理品质，提高执行力和工作效率。园长要善于放权，团队分清责任，凡是遇到相关部门的工作检查都由相应主管人负责，其他人配合。如此实施，责任落实到部门，减少了许多不必要的精力耗损，大家可以按部就班地完成自己的工作，全身心地投入到保教工作之中。

四、拒绝有依据

全国人大常委会委员朱永新在微博上发文建议："政府应该最大限度地减少各种教育评估和检查活动。学校的常规工作通过正常的记录、汇报、告示、公报等形式向社会公开，各种检查必须归口到一个部门，如教育督导机构。每个教育督导机构必须制订年度评估与检查计划，学校可以拒绝任何计划外的评估和检查。每所学校每年的评估和检查不得超过一项。"2008年5月7日《新安晚报》刊发安徽省教育厅的通知《大幅缩减检查评估给中小学"减负"》，指出近年来各地针对中小学、幼儿园的各种检查、评估过多，往往一个内容多个部门去检查，重复评估，给中小学、幼儿园带来负担的同时也影响正常教学的开展，为了改变这种现状，将对各种检查项目进行合并，同时减少检查评估次数，提高检查、评估的效率。

早在 2007 年 1 月教育部就颁布《关于规范普通中小学校检查、评估工作的意见》，针对各种检查、评估过多给学校造成过重负担的问题，教育部要求严格控制对中小学校检查评估的项目和次数，学校可以拒绝接受非法规规定的部门进行检查评估，教育行政部门对学校的检查、评估工作必须统筹安排，改进方式，减少次数，法规规定的具有学校管理权限的部门才能进校进行检查，检查、评估的项目和内容必须符合规定要求，否则，学校可以拒绝接受检查评估。《关于规范普通中小学校检查、评估工作的意见》提出建立免检制度，凡严格依法办学、在多次检查评估中表现突出、社会反映良好的中小学校，在一定时期内可实行单项免检。

【温馨提示】

诸葛亮在《诫子书》中说，"非淡泊无以明志，非宁静无以致远"。百年树人，教育工作是一项最需"致远"的事业。园长只有学会"取舍"、甄别"轻重"、善于"分工"、勇于"拒绝"，才能从重复繁重的"滥评苦海"中解脱出来，一心一意抓保教，全身心地投入到为幼儿创设适宜的教育环境、实施科学保教的工作中。

难题7：如何均衡聘用员工与正式职工的激励措施？

【案例再现】

某年5月，赵园长的幼儿园招聘新教师，招聘广告在网上登出后，一名在本市一家非常有名的示范园工作的教师前来应聘。赵园长听说她是从这家幼儿园来的，不由心生疑虑，便问："你在这么好的幼儿园工作为什么要辞职？我们的待遇可能没有人家那么好。"应聘者说："待遇没关系，我在那儿工作心里总是不平衡，经常受刺激。"赵园长有点纳闷，继续追问，那位教师列举了那所幼儿园待遇不公的几件事情，就拿发劳保来讲，正式教师和聘用教师发的不一样，类似的事情让她感到没有归属感，赵园长明白了其中的原因。

一次，赵园长和其他一些园长在一起聊天，聊着聊着，大家便谈到自己园里正式职工和聘用员工所占比例、待遇之类的话题，大多数幼儿园聘用员工与正式职工之间的待遇相差甚远，如：聘用员工的奖金不及正式职工的一半；每月发放的福利也只有正式职工的小部分；组织正式职工出去旅游，聘用员工没有资格参加；分配工作任务时经常是聘用员工承担较多……

【案例分析】

教职工队伍基本上都由两部分组成：一部分是正式在编职工，另一部分是聘用员工。两部分人员在各园所占的比例各不相同，但随着时间的推移，在公办幼儿园中，聘用员工在教职工中所占的比例逐年提高，因为大多数办园单位的现行用工政策是：正式职工只出不进，自然减员。比如赵园长所在的某部队幼儿园，1997年最后一批接收地方院校的应届毕业生，此后，所有招聘教师的身份一律为幼儿园自主聘用；2013年起，上级主管单位要求幼儿园与聘用员工一律签订劳务派遣合同，聘用员工在教职工中所占的比例也从最初的30%增长为如今的60%，今后还会逐年上升，直至100%聘用。

目前，大多数公办性质的幼儿园都不能按照标准师生比配足配齐正式教职工，聘用员工大量存在，企事业幼儿园更是以聘用员工为主，因此，研究并制定一套均衡正式职工和聘用员工的激励措施对未来幼儿园的发展来说无疑具有积极的意义。

赵园长担任园长十余年，其招聘的员工也不在少数，任职时间最长的已达15年之久，这些人很少因与正式职工之间的待遇存在的差异而怨声载道，消极怠工，甚至辞职离职。在该园，聘用员工不仅能够坦然地接受待遇的不同，而且能够愉快地接受所承担的工作，与正式职工同样活跃在自己的工作岗位上，认真履行各自的职责，共同成就了幼儿园的今天，这与赵园长在管理中所采取的措施及营造的氛围不无关系。

【解决策略】

一、薪资待遇公开透明，确保聘用员工知情权

招聘员工的第一个环节，不外乎双方见面，互相介绍自己，了解对方，进行双向选择。作为园长，在这个环节中，除了要简单地阅读对方提供的个人资料，对其做一个大体的了解外，还要清楚地告诉应聘者园方所能给予的薪资待遇（实习期、转正后以及不同级别职称的不同待遇），同时，也要说明聘用员工与正式职工之间的待遇是有差距的，而且，这种差距是一个永远无法改变的现实，幼儿园只是在可能的情况下不断去缩小待遇的差距。这样做的目的是让每一位聘用员工在对幼儿园的薪资制度知情的情况下决定是否继续应聘，同时，也可避免在双方经过考核、试用之后，聘用教师因对薪资制

度或薪资待遇的不满而放弃应聘。经历了这样一个环节后，仍选择留下来的人一般都能正确面对待遇的不同，不会过多地纠结这个问题。

二、培训评优一视同仁，尊重聘用员工发展权

正式职工与聘用员工之间存在薪资待遇方面的差异，这是目前存在的一个社会问题。究其原因，主要有二：一是在当今的社会经济条件下，幼儿园的办园经费不能得到充足的财政保障；二是聘用员工的待遇没有可靠的来源，完全依靠幼儿园的保教费收入来支撑。因此，无法做到正式职工与聘用员工同工同酬，正所谓"巧妇难为无米之炊"，多数聘用员工是能够理解和接受的。

除此之外，幼儿园应充分尊重聘用员工的发展权：一是为他们提供与正式职工同等或更多的培训机会，为他们的专业发展和自我价值实现提供平台，使他们的能力得到充分展现，潜能得到最大的发挥；二是让聘用员工享有与正式职工同等的评优、受奖的机会，并给予同等的奖励，支持聘用员工追求职业理想和事业发展。

三、精神待遇优先保障，增进聘用员工归属感

精神待遇是相对于物质和金钱来说的，指员工在工作中享受到的人格尊重，人间的温情，精神的愉悦、自由、舒坦与满足以及对工作的胜任感、成就感、责任感等。

根据赫兹伯格的双因素理论，人们的行为受两类因素的影响，即激励因素和保健因素，保健因素与工作环境或工作关系有关，激励因素与工作本身有关。

因此，第一个方面，园长应满足聘用员工对环境的需要，给予他们人文关怀与情感接纳，为他们营造温馨舒适的心理环境，给他们人格上的尊重，在工作中平等地对待他们，让他们发自内心地感受到家的温暖；第二个方面，园长应根据每个人的特点和工作能力赋予他们一定的工作自主权，帮助他们

进行职业规划，为能力强的聘用员工提供展示的平台；第三个方面，即最重要的是，要公开承认和肯定他们为幼儿园所做的贡献，感恩他们身为临聘人员却没有临时思想、以园为家的主人翁精神，增进聘用员工的归属感。

由于赵园长关注了以上三方面的问题，因此在她所在的幼儿园聘用员工与正式职工友好、平等、和谐，工作中密切配合、彼此支持、情同姐妹，聘用员工对幼儿园的忠诚度很高，很多聘用教师十余年坚守在这里，个别不得已选择离职的老师也都是带着不舍离开的。

【温馨提示】

根据马斯洛的需要层次理论，任何人都有被尊重和自我实现的需要。作为幼儿园的园长或管理者，一定要了解人性的特点，尊重教职工的需要，从激励政策上尽量缩小正式职工与聘用员工之间的待遇差距，如果一定要有差距，就必须要让聘用员工心服口服。同时，园长应该在幼儿园高调认可聘用员工为幼儿园建设和发展做出的贡献，承认他们的价值，使他们有归属感。

难题8：前任园长离任留下问题，新任园长怎么解决？

【案例再现】

应园长两年前被调到一所省级示范园担任园长，当时就有人说："这个摊子不好接，20年没有换过园长了，问题多着呢！"应园长很快就有了感受。

感受一：幼儿园从上到下有着极强的执行力，员工之间沟通简单、直接、明了。上级跟下级说话一般都用"祈使句"或者"命令"的口吻。教师对待幼儿的方式也相对简单、直接。

感受二：教师的教育理念在每天的集体教学活动或区域活动中可感受到，但是在一些生活环节中，诸多的教育契机都未得到充分的利用。教师对课程内涵的认识与把握明显不够。集体教学活动太多，教师容易疏忽孩子的感受。例如，离园时教师与家长沟通，当着孩子的面说："×××妈妈，你的孩子非常调皮捣蛋，今天上课的时候，特别不专心听讲，动动这儿，挠挠那儿，小朋友们都不喜欢和他玩……"

性情温和的应园长到幼儿园两周后，许多员工就发现她脾气好，也就放下"戒备"，不再"害怕"她。也有教师私下议论，说她"无能""无为"。有一次，副园长和其他一些老师拿着幼儿园的制度册来问她："以前的制度有一些地方都不合理了，现在新园长来了，为什么不快点改？……"

【案例分析】

园长在幼儿园管理中处于主导地位，是幼儿园发展建设的引领者、创新者，是幼儿园组织文化建设发展的核心力量。园长不仅要充分发挥管理能力，还要积极引领和影响员工，共同建立和谐进步的组织团体，尤其是建立适应社会发展要求的幼儿园。

现代管理概念中，"人性化"概念常常被提及。人性化是一种理念，是指让技术和人的关系协调。通俗一点来说，就是要对人尊重。也有专业人士把人性化管理分为四个阶段，即人际权利管理阶段、人际沟通阶段、合作管理阶段、奉献管理阶段。这个发展阶段实际上是组织文化与员工个人意识或文化意识进行整合的过程。

对照上述案例，可以发现园长的个性对幼儿园的深刻影响。老园长是典型的经验型园长，用"以人管人"的方式打造出了一所执行力强、能动性强的幼儿园，但是同时欠缺许多现代管理理念，例如管理过程中的制度文化建设（更新）、民主化、人性化的体现，等等，而管理理念陈旧滞后会造成一系列的消极影响。

幼儿园制度文化是幼儿园组织文化的重要组成部分，是实施幼儿园管理的基本保障。幼儿园要建立健全规章制度，既要形成制度约束，也要不断完善，适应社会发展的步伐，让员工不断形成更新、更高标准的自我管理习惯。副园长能和一些老师拿着制度册来找应园长，既说明幼儿园管理未与时俱进，员工对推进制度改革的迫切要求，也体现出管理层与教师之间的关系不顺，管理和沟通模式的粗放。

幼儿园是让孩子感受到爱和美的场所，美不仅仅来自外在环境，很多时候它其实是一种人性化、和谐的氛围。幼儿园要积极帮助员工发现、发掘其内在美，才能用美感染孩子，将美传递给孩子。在此过程中，园长要做好表率，要积极彰显园长自身的美与人格魅力，启发员工由里到外散发魅力，彰显自我，从而形成基于个人魅力的园所魅力，体现幼儿园的内涵。

如果说制度文化如同幼儿园的物质基础，那么人性化基础之上的人格魅力就是幼儿园文化的上层建筑，二者不可或缺。

【解决策略】

对于幼儿园的情况，应园长做了充分的功课。她采取的措施是：

一、合理修订完善幼儿园各项规章制度

应园长在明确幼儿园新阶段的指导思想和发展目标后，结合实际情况带领教职工修订了幼儿园的各项规章制度。

1. 借助时机，重新修订幼儿园五年发展规划

对幼儿园的教育理念、办园宗旨、园所文化重新定位，但一定要基于以前的基础，还必须要赋予新鲜的血液，让员工感觉有新意。在这项改革上，她征求了诸多人的意见，鼓励大家以"投稿"的方式献言献策，最后确定的内容就是集体智慧的结晶，这一举措唤醒了员工的创造力，教职工队伍陡然间焕发了生机。

2. 从员工的敏感问题着手，循序渐进地调整制度

员工最敏感的就是奖惩制度，如大幅度提高多年不变的奖励标准，就要制定与之匹配的严格的惩罚制度，用重奖重罚的方式刺激员工在较短时期内尽快转变理念。例如，针对教师的教科研论文、教案设计获奖，设置了国家、省、市、区级不同的奖励标准，最高的比以前高出5倍；但针对教师在幼儿用餐时不正常地使用餐具，偷工减料，将米饭、蔬菜直接盛放在一个碗里的惩罚也高于以前标准的数倍。

在制度的调整和实施上，应园长给自己定了几条原则：

（1）在原制度基础之上增减。

(2)与一线员工进行个别交流,收集信息,倾听心声。

(3)必须与新班子成员认真讨论,不成熟不使用。例如,调整后的会议制度要求,园务例会、班组例会、专题会等必须定时定期召开,必须尽量开短会,是否需要召开紧急会议、现场会议等根据具体情况而定,通过这些彻底改变之前开会的随意性与不确定性。

二、通过多种方式使教职工形成"教育与服务"并存的意识

管理人员应率先树立为一线员工、幼儿及家长服务的意识,教师要扭转观念,转变理念,成为幼儿学习的引导者、支持者与合作者。例如,让管理人员及教师多走出去学习,不可故步自封。为此,应园长连续几周参加教师教研会,与大家一起重温《幼儿园教育指导纲要(试行)》《3—6岁儿童学习与发展指南》《幼儿园工作规程(2016修订版)》以及《幼儿园教师专业标准(试行)》等标准、法规,在教师把握不到位的地方停下来一起深入分析,用查班过程中发现的案例帮助教师理解,及时反思自身的教育行为。一段时间后,教师们对应园长的专业能力十分认可。

三、躬行实践,彰显"人格魅力",培养优良"园风"

确定每周四为"园长开放日",12:40—14:20,园长接待员工并与之进行交流,欢迎员工与园长交流生活与工作中的喜怒哀乐。交流时,遵循相互信任的原则。也可由来访者根据需求点名邀请其他员工参与,前一周预约确定次周的约见者。

在与员工交流方面,应园长也"身体力行","规定"大家要习惯轻声说话,交流时要尽量温和、礼貌、懂得相互尊重。如果一时忘记了,彼此之间一定要相互提醒。

当然,大家也很快发现,应园长没有对任何一名员工高声说过话。即使在查班时遇到一些问题,她也不会立即批评训斥。有位教师对孩子们发火,

声音很大，应园长也只是迅速地走到跟前，轻轻地拍了拍她的肩膀，该教师过后主动找应园长道歉并保证一定改正。

【温馨提示】

　　任何一所幼儿园的制度不可能一成不变，从表象上看，不断完善的制度似乎对员工的束缚与禁锢会越来越紧，其实这是给了员工工作的标准、方法甚至策略。而恰恰是这种承受能力的与日俱增，才形成了幼儿园的规范性、秩序感以及员工的规则意识，也才会在团队建设过程中起到至关重要的作用。

　　上述案例中的应园长在初来乍到的时候，没有急于求成，而是有目的、有计划、有实效地实行制度文化建设，再集思广益实施"新政"，并关注实施的细节，注重制度的科学性、合理性与合法性。这对于一所亟待改变的幼儿园，就如注射了一支兴奋剂，对员工的精神状态、职业意识和工作态度起到了极大的促进作用。

　　一般情况下，幼儿园的园长若一味地进行强势管理，强势的做派就会顺着"园长→中层→一线教师→幼儿"的流向形成园长的权力影响力，最后的结果不言而喻。而遵循"刚性制度，柔性管理"的原则，让员工在园长的非权力影响力下，既能敬畏制度的强大，又能感受园长的温和，也使自身温顺和悦，从而带给孩子更多的关爱。

　　园长温和，幼儿园就处处显亲和；园长冷静，幼儿园就处处显沉稳。反之，园长自私，员工就会小气；园长无条理，幼儿园就缺秩序。这就是"园长文化"的直接影响。也正因如此，让园长的非权力影响力给幼儿园团队建设供给营养更具效力。

难题9：教职工对"自下而上"的管理方式有抵触心理怎么办？

【案例再现】

老园长因身体原因辞职了，史园长被投资人叫去谈话数次，显然投资人是想对她委以重任。其实在这所民办幼儿园创建时期，史园长就在这里当老师了，她见证了幼儿园的成长。从一线教师到教研组长、保教助理，再到保教主任、保教副园长，她扎扎实实地一路走过来，现在老园长突然出现意外情况，投资人诚心聘请，加之她在教师中的威信，也算众望所归吧。

这所幼儿园已经成立十多年，这一年刚好到了制定新一轮三年发展规划的时间，往年都是园长制定好，大家开会讨论，没有问题就实施。这次，史园长想改变一下，把"自上而下"制定规划调整为"自下而上"的形式，即征集园务成员的意见，广泛收集大家的建议，结合自身的想法，最终形成新的发展规划。

没有想到的是，在召开园务会的时候，史园长把自己的想法一说，就首先遭到了后勤副园长的反对，言下之意就是，恐怕是史园长自己不会制定才依赖大家吧。见后勤副园长如此的反应，园长助理很快就"配合"："是呀，我们还从来没有制定过规划呢，园长的活儿其他人肯定是干不好的。"保健室负责人问道："我们保健室应该是不用参与的吧？"其余的园务成员不知该如何反应，但他们觉得多一事不如少一事，也都默默表示了认同。

【案例分析】

幼儿园管理,尤其是重大事件的决策或规划的制定,多由管理者制定好,教职工实施即可。虽强调教职工是幼儿园的主人,但实践中,教职工更多的只是执行而已。日本丰田公司的管理特色之一,就是把员工看成本职岗位的最终负责人。公司前任董事长奥田硕考察国内一家颇有名气的家电企业时,曾说过一段耐人寻味的话:"贵公司的管理给我的感觉很好,已经有了'自上而下'的执行体系,而且细腻、到位、有特色。"说到这里,他话锋一转,"但从知识时代的发展趋势来看,应该尝试'自下而上'的管理理念、方法和模式。"

在管理中一味推行"自上而下"是强迫式的工作方式,反之,推行"自下而上""诱导"的工作方式,会促进管理人员尽力去发现"真空地带",寻求新的机会。

也有管理专业人士总结:员工不仅是"思想"的使用者,而且是创造者;不仅是"指令"的执行者,而且是问题提出和解决的主动者。因此,适时实行"自下而上",引导员工打开思路,把责任落实到底,就能事半功倍。

【解决策略】

一、缓解焦虑,树立信心

园务会所有成员不约而同地抵触是史园长之前就预料到的,她很快地予以回应,鼓励并解释性地说:"大家不要担心,我已有腹稿了,只是若能了解到更多人,尤其是一线员工的想法和需求,那么咱们的规划或许就会更接地气、更可行,大家若觉得用文字表述还有困惑,也可通过举例口头说明自己的想法和意愿。"

接着,史园长胸有成竹地说:"大家以前都习惯性地依赖老园长,按照惯例,这次的规划也理应由我来完成,但是在这所幼儿园这么久,我相信,每个人对幼儿园的发展都会有自己的想法和一腔热忱。我们的规划里有了每一个人的付出,幼儿园未来几年的发展一定会令我们更有成就感!"

二、缜密思考,大胆尝试

接下来的一周,史园长共开了三次园务会,围绕制定发展规划,她引导大家做了以下的功课:

(1)实事求是地分析幼儿园现状。史园长鼓励大家勇于发表观点,理性看待幼儿园多年来的优势与出现的问题,并对如何改进提出了自己的观点与看法,旨在给大家开辟思路。

(2)深入理解幼儿园办园理念、办园宗旨及园所文化。重点是引领大家积极建立基于理念的共同价值观与愿景,制定符合本园实际、具有园本特色的规划。

(3)对幼儿园发展的目标进行科学的定位。目标一定不是寥寥几个字句就能够全面概括的,向前要承接历史与现状,向后要考虑发展与方向,还要有科学的目标体系。当现实基础与发展方向定位准确后,就需要选择目标实现的时间范围,然后将发展方向、程度以及时间范围有机地组合起来,形成发展的总体目标。

(4)各部门制订相应的行动计划。行动计划是发展目标实现的重要保障。要达成目标,必须有科学的思想保障系统,要结合当下适用的制度,并充分考虑到经费和条件等因素。要详细地阐述行动计划,可根据具体情况明确所涉及的人员、成本等。各部门要把行动计划的重心放在优先发展的重要项目(活动)上,同时要有比较清晰的成功标准。

虽然制定规划一般可按照"原则"和"程序"来实施,但是要将"自上而下"与"自下而上"有机结合,就是说,不单向把规划作为任务直接下发,而是先收集员工的思想,让员工的思想成为幼儿园规划的重要组成部分。

三、科学实践，行之有效

接下来的3周时间，在史园长进一步的跟进指导下，幼儿园管理人员用了两种方式进行了大量的意见和建议征集。一是分层征询意见，逐层要求人人制定三年内的个人发展规划，再对此进行概括提炼，不仅了解员工的发展需求，更重要的是梳理出一些共性的东西，发掘出一些人员管理规划方面的要点与难点，从而方便幼儿园制定园所发展规划。二是发动全体员工以主人翁的精神，依据幼儿园现状，结合自身所见所思所想，以意见和建议的形式提出幼儿园某些方面的发展规划，或以具体的项目或者活动来举例。当然，为了明确方向，便于梳理，园方提供文本框架，以便于员工填写与提炼。

经过管理层的反复修订，再找专家论证，一个月后的园务会上，一份字数并不多的三年发展规划呈现在大家面前。这份规划凝聚了全体教职工的智慧，思路清晰，目标明确，愿景趋同，切实可行。

【温馨提示】

幼儿园的管理大都采用"自上而下"的模式。这一案例中已离职的老园长这一代人，大都习惯于"一言堂"，习惯"一竿子插到底"，管理者往往认为只有自己身体力行，身先士卒，才算有行动，才算作管理，而特别不习惯借助于下属或者一线员工的思路来进行管理，尤其像制定幼儿园发展规划这样的大事。归根结底，是管理理念导致了"自下而上"的管理模式难以推行。

不过，在具体实践中，也不能一味地认为"自上而下"不及"自下而上"，而是要对两者有足够的认识：二者不可以完全脱离关系，可以在管理的某个环节相辅相成，相互借力，从而达到最佳管理效果。在具体操作中，管理者一定要根据实际情况，有效选择某种方式。

另外，在具体实施幼儿园三年发展规划的过程中，管理者还可继续"自下而上"分层征询问题及解决方案，分析每一阶段规划的实施情况，不仅能确保旧规划的有效实施，而且可有力地推动新规划的制定与运行。

难题10：绩效考核导致教师对班集体工作不上心怎么办？

【案例再现】

王园长的幼儿园团队管理能力强，在行业内外颇具影响力，连年举办的省、市、区各级教师专业技能比赛中，该园教师的成绩都名列前茅。这得益于幼儿园每学期、每月甚至每周对教师各项专业能力的检验，严格的考核制度使教师们的专业能力快速提升。为此，王园长多次调整园内奖励标准，对为幼儿园做出贡献，在省、市、区获得各类奖励的教师进行再次奖励，给教师们增加了一定的工作动力。

奖励机制实施了一段时间后，王园长明显地感觉到教师之间竞争越来越激烈，人人都想在业务技能方面占一席之地，但与此同时，教师之间，尤其是班级内部的团结、合作精神似乎少了。例如，上周五小三班配班教师找保教副园长诉了半天苦，说班主任只顾自己不顾班集体，对班里的事情不关心，一心只想完成自己参赛的论文，结果班级里的区域环境创设就只有她和另外一位老师忙活，她们觉得这样下去，班主任津贴就应该分给她们两人了。

这个问题还没有得到解决，上午大五班两个配班教师又分头来投诉对方，而且不约而同地说到了班主任身上存在的问题，归纳起来就是：三人相互不满意，各忙各的"私事"，对班集体的工作不够用心。

王园长思绪万千，纠结难解：不同的上级主管部门频繁地举办各种竞赛活动，作为影响力不小的省级幼儿园，不仅要积极参与各类活动，而且必须在这些比赛中取得优异成绩，所以不得不在临比赛前把参赛教师们从班级抽调出来，让他们专注地"脱产"强化练习。这些教师要兼顾园里园外的大、小型活动,忙得不可开交,难免对班级的日常工作没那么上心了。

【案例分析】

有一则《三个皮匠和三个和尚》的故事,说的是三个皮匠结伴而行,途中遇到大雨,在一间破庙避雨,恰逢庙内有三个和尚。和尚们质问:"凭什么说三个臭皮匠胜过诸葛亮,而三个和尚却没水吃?"尽管皮匠们谦让有加,但是和尚们非要打官司讨公道。官司打到上帝那里,上帝就把他们分别锁进两间房子里,房子宽敞舒适,生活用品一应俱全,内有一口装满食物的大锅,每人只发一只长柄的勺子。结果三天后,三个和尚饿得皮包骨头,有气无力。上帝奇怪地问:"大锅里有饭有菜,你们为啥不吃东西?"和尚们哭丧着脸说:"我们的勺子柄太长,食物送不到嘴里,大家都吃不着!"而三个皮匠却精神焕发,满面红光,乐呵呵地说:"感谢上帝,让我们尝到了世上最美味的东西!"和尚们不解地问:"你们是怎样吃到食物的?"皮匠们异口同声地回答说:"我们是互相喂着吃的!"这个故事就充分说明:一个人的智慧是有限的,集体的力量是无穷的;缺乏和拥有团队精神必然会产生不同的结果。

上述案例中,幼儿园班级工作其实就面临着"三个和尚没水吃"的局面,那么如何才能让三个和尚具有三个皮匠的智慧与合力,从而改变教师对班集体工作不上心的情况呢?这是当下幼儿园管理团队必须思考和解决的问题。

(1)鼓励教师积极的行为,并持续激发教师的能动性,增强其行动力。

(2)帮助教师之间形成合力,让班级之间团结协作,提高班级的整体工作质量和水平。

(3)帮助教师之间建立适当的良性冲突,让班级成员在合作中竞争,这样既能激发大家的积极性,又能保证教师的工作效率。

(4)帮助教师之间增加信任感,大家目标明晰,方向一致,成员之间形成信赖关系。

充分意识到上述几点很有必要,但是假若园长在管理的过程中简单采取说教的方式,显然是解决不了问题的。关键在于如何实施具体的措施,让措施掷地有声,让教师感受到措施带来的压力与动力,从而促进工作的全面开展。

【解决策略】

园长不能只给员工讲故事、摆道理,而要有具体策略的实施,既能激发团队合作的意识,又能让教师在工作中有获得感。

一、集思广益,启发管理智慧

王园长召集领导班子,把自己的想法与大家交流,保教、后勤两位主任深有感触。大家围绕目标讨论制定具体措施,积极发言,从班级工作考核的方方面面说到奖励的标准、发放的频率,甚至班级工作对员工在单位的个人发展影响等,建议建立制度,与奖励相互补充,充分调动员工的积极性和参与性。最后,王园长总结说:"这个还在形成的措施就叫《幼儿园班组月工作考核评优细则》吧,办公室尽快把大家今天提到的内容整理出来,发给教职工讨论研究,然后公示,并用一周的时间征集教师的意见与建议,完善后正式试行。"

为什么不叫"班级",而叫"班组"呢?因为上述措施主要聚焦于班级工作,也可以在炊事班、安保组、保洁组等其他部门实施。

二、仔细斟酌,出台评优细则

一周后,由办公室草拟的《幼儿园班组月工作考核评优细则》出台了。教职工代表大会上,王园长宣布了以下内容:

(1)全园所有班级均纳入月考核评优范畴,每月底由园务会进行全面评优，每次评出 20%～30% 的优秀班级，对评选上的班级的三位教师全部进行奖励，奖励的标准（奖金）可根据 4∶3∶3 的比例进行分配。

（2）每次考核的项目大致可分为八个方面。

①出勤。

A. 员工出勤：对员工出勤情况以班级人员月出（缺）勤时间总数进行统计，包括迟到、早退、旷工、病假、事假等，有任何一项缺勤都不能评优。

B. 幼儿出勤：全部班级统计出月平均出勤率，即（全月每日出勤人数总和÷出勤天数）/班级幼儿在册人数，小班幼儿出勤率≥85%、中班幼儿出勤率≥90%、大班幼儿出勤率≥92%，班级才具有评优资格。

②安全：班级幼儿安全情况以保健室提供的情况为准，当月内没有安全事故、安全隐患以及传染病发生的班级可参与评优。

③幼儿常规：包括一日生活学习环节的各项内容，如入园、离园、午睡、三餐两点、户外运动等各个环节的生活学习情况。此项评比重点以园务会总值班人员查班为评价依据。班级幼儿常规情况以 A、B、C、D 来评定优、良、中、差，保教室可结合保教管理细则制定具体的评定标准，班级幼儿常规在 B 级以上有评优资格。

④卫生：卫生评比以保健室提供的周、月评比分数为准。班级分数月平均值在 85 分以上方可评优。

⑤教育教学：包括教师备课、按课程方案实施活动、参加教研活动质量、完善幼儿成长册等。主要以保教室月考核的分值为依据，班级三人总分平均值在 85 分以上可以评优。

⑥家长工作：包括家园联系栏、家访情况和家长认可度。其中家园专栏以保教室评定结果为准，家访情况以实际的资料为准。当月内有家长投诉则不考虑评优。

⑦获奖情况：教师获奖情况包含班级及个人本月内所有与工作相关的奖项。不同级别的奖励，在评优时比重不同。

⑧其他：相关职业道德方面，例如仪容仪表、好人好事等。

（3）本学期试行后，下学期起可将后勤部门下属的炊事班、安保组、保洁组、保健室等班组也纳入月评优范畴，不适宜的个别项目内容可灵活调整。

（4）以学年为单位，在评优的基础上进一步评选优秀。

①学年内班（组）累计3次或3次以上获得优秀，另行奖励××元，班主任与2名配班教师按照4∶3∶3的比例进行分配。

②学年内班（组）累计5次或5次以上获得优秀，另行奖励××元，班主任与2名配班教师按照4∶3∶3的比例进行分配。

王园长边宣布边解读，会场十分安静，到共同讨论的时候，大家都比较兴奋，觉得此次制定的细则公平合理。

三、认真实践，彰显团队合力

经过一学期的试行之后，教师队伍中"各自为战""突出个人"的情况得到了极大的改善，公开性与公平性得到了很好的彰显，班组与班组之间形成的良性竞争有力促进了团队合作。再有教师代表幼儿园获得奖励时，大家彼此之间多了折服，多了祝福，曾经的"羡慕嫉妒恨"荡然无存。

【温馨提示】

上述案例中，当王园长意识到幼儿园班级工作已经面临"三个和尚没水吃"的局面时，她立即调整思路，把对教师的考核重点转移到以班级为单位的团队（小组）考核上。她让班级的小团队中的三个成员"互相牵制"，并通过奖励机制让大家树立"班荣我荣"的思想；而且评优是在以量化考核为主的基础之上开展的，各种数据具有最强的说服力。因此教师队伍"单打独斗"的局面迅速改变。

尽管王园长实施的从单个考核教师技能到新出台的以班级为单位的评优

策略，确实会对全面提升幼儿园各项工作的水平起到促进作用，但同时，还需要反思的是应该如何引导或调整当下教师们工作的重心，哪些地方需要合理强化，哪些地方需要适当弱化，教师教育工作的方向和目标最终如何落脚于幼儿的发展等问题。

难题11：幼儿园档案管理混乱，教职工疲于应付检查，该怎么办？

【案例再现】

近几年，幼儿园的检查评估非常频繁，各级各类，五花八门，对一所省级示范幼儿园来说，每五年就有一次复验，且这五年中还有可能穿插着"316督导评估""创建教育强区""双高双普""年检"等检查，如果幼儿园再申报名优评比，那么相关的检查评估年年都会有几次。

张园长常常在微信朋友圈里看到一些同行朋友带领团队挑灯夜战，加班加点整理档案……

因为承担国培项目"农村幼儿园骨干教师浸入式培训"，张园长多次与省内外一些县级或乡镇幼儿园的教师近距离接触，与他们有过一些交流。有一次，一位老师特别幽默地说，在他们那儿，特别费纸，进一步追问才知道，他们幼儿园接待不同的检查和评估，要准备不同的档案资料（其实，内容是一样的，就是要重新打印资料，重新做封面，重新装订），因此，老师们调侃说"费纸"。

【案例分析】

上述问题，的确是学前教育领域近年来的一个比较突出的问题。2011年以来，国家大力发展学前教育，先后实施了第一期、第二期学前教育三年行动计划，新建幼儿园数量急剧增加，大量新建起来的幼儿园缺乏规范的管理和合格的管理人员，同时，很多地级市和县乡一级组织新增设了学前教育的管理机构，不少管理人员并非学前教育专业人士。由于管理人员不专业、管理不规范，导致多头管理、频繁检查状况的出现，甚至有些检查明确要求被检单位要按照评估指标体系重新整理档案。于是，很多幼儿园园长为了应付各类检查，带领教职工用大量的时间补档案，按照不同要求重新整理档案，做了大量无意义的劳动。上述种种情况基本都可以归因于各级管理的要求不规范、不明确，幼儿园不注重即时收集过程资料。那么，幼儿园如何进行档案管理才能解决上述问题呢？

【解决策略】

一、认识档案规范管理的重要性，由专人管理

档案管理工作是幼儿园里一项非常重要的工作，园长应予以高度重视，必须配备责任心强、文化素质较高、具有基本的计算机操作能力的专职档案管理员并明确其岗位职责。档案管理员应通过看书、上网、咨询等途径，认真学习并系统领会和掌握档案管理的规范和办法，具备独立完成此项工作的能力。幼儿园决不能以经费短缺、人员紧张等为理由，不设专职人员，而由各部门分头管理自己部门的档案。如幼儿园真的经费短缺，人员紧张，可以安排档案管理人员兼做一些技术含量不高、专业性不强的事务性工作。

二、认真做好过程资料收集，注重即时性

以张园长所在幼儿园的档案管理为例：档案资料大致分为园务管理、保教管理、后勤管理和卫生保健管理四大板块，分别由园长办、保教办、后勤办和医务室负责收集，四个部门收集的档案资料分别含各类评估标准的各条指标。每学期从开学到期末，伴随着不同部门计划的落实、各项工作的进行、活动的开展，相应负责人就在第一时间即时收集属于自己管理范围的相应资

料（电子档案保存好文档并备份；纸质档案在保存文档的同时打印文本留存；影像视频档案保存并建立文件夹……），确保所有存档资料的即时性，坚决杜绝事后补资料情况的发生。

三、坚持学期末分头汇总资料，提交档案室

学期末，不同部门分别整理各自工作范畴的资料，将电子档案、纸质档案、影像视频档案等分门别类提交档案室，档案管理员逐一登记后，部门负责人签字确认，以明晰责任，避免在发现档案缺项时互相埋怨、扯皮。

四、按照规范整理装订归档，做好档案索引

新学期开学后，档案管理员在完成好各项开学的筹备和配合工作、幼儿园各项工作步入正轨后，会自行安排工作时间，整理装订上学期的档案资料并归档，将电子档案和影像视频档案刻盘、制作封皮，针对纸质档案打印目录和封皮、整理、装订、装盒、打印并粘贴档案盒编号等。所有档案归档后，仔细核查，确定是否有缺项，如发现有缺项立即与负责人联系。档案管理员在补齐所有资料后，完成档案索引，以方便查找。

【温馨提示】

档案管理与幼儿园的其他各项工作一样，都应该将功夫下在平时。过程资料的收集要责任到部门，责任到人。部门负责人一定要养成良好的工作习惯，做到"人过留名，雁过留声"，活动常态进行，资料即时收集，活动总结、情况分析、参与人意见签署、家长评价等一定要在活动当下收集到位。尤其是视频、影像资料更是要随时注意留存。

附：幼儿园档案目录索引

A 行政管理类

A-1 文秘工作

    A-1-1 幼儿园规划制度

        （1）全园总体规划、远期目标、近期目标、园风建设（长期）

        （2）幼儿园规章制度和岗位职责（长期）

        （3）幼儿园奖励情况（长期）

    A-1-2 计划总结

        （1）园务工作计划总结（长期）

        （2）部门工作计划总结（长期）

        （3）班务工作计划总结（长期）

        （4）个人工作计划总结（短期）

    A-1-3 记录

        （1）园务日志（长期）

        （2）园内大事记（长期）

        （3）班务工作日志（长期）（交接班记录）

    A-1-4 会议

        （1）园务会议（短期）

        （2）班务会议（短期）

A-2 目标考核

    （1）幼儿园目标管理方案（长期）

    （2）目标考核标准及结果（长期）

    （3）各类工作人员评价标准（长期）

A-3 安全工作

    （1）基本情况（长期）

（2）组织领导（长期）

　　　（3）制度建设（长期）

　　　（4）安全教育（短期）

　　　（5）安全管理（短期）

　　　（6）周边治理（短期）

　　　（7）工作成效（长期）

　　　（8）上级文件（长期）

B 教育教学类

　B-1 幼儿园教育教学

　　　B-1-1 幼儿园保教工作目标（学期计划、月工作安排、周工作安排、作息时间）（长期）

　　　B-1-2 各类大型活动资料（计划、预案、方案、照片或视频、小结等）（长期）

　　　B-1-3 自制玩教具记录（长期）

　　　B-1-4 教学活动安排（学期计划、月计划、周计划、日计划）（短期）

　　　B-1-5 教育活动评优（短期）

　　　B-1-6 日常工作检查记录（短期）

　　　B-1-7 听课记录（短期）

　B-2 教育科研建设

　　　B-2-1 教研工作计划总结（短期）

　　　B-2-2 教研活动记录（短期）

　　　B-2-3 教研月工作小结（短期）

　　　B-2-4 论文（短期）

　　　B-2-5 教育随笔（短期）

　　　B-2-6 教研成果（长期）

　B-3 观察记录

B-3-1 活动区观察记录（短期）

　　B-3-2 个别幼儿教育及观察记录（短期）

　　B-3-3 新生入园适应性观察评价表（短期）

　　B-3-4 户外活动观察记录（短期）

B-4 集体活动记录（短期）

B-5 政治学习笔记（短期）

B-6 业务学习笔记（短期）

C 教工管理类

C-1 教师奖励情况（长期）

C-2 教工出勤统计（短期）

C-3 教师培训记录（短期）

C-4 师德建设（短期）

C-5 教师基本情况登记（短期）

C-6 教师个人成长档案（短期）

D 幼儿档案管理类

D-1 幼儿花名册（长期）

D-2 幼儿出勤登记表（短期）

D-3 幼儿获奖情况（长期）

D-4 幼小衔接（短期）

D-5 幼儿个人成长档案（幼儿在园生活、学习、游戏、运动、交往记录、分析与评价，家园联系，亲子活动）

E 卫生保健类

E-1 卫生保健制度文件

E-2 传染病

E-3 卫生消毒

E-4 幼儿体检记录

E-5 幼儿保健档案

E-6 幼儿过敏史登记

E-7 保健计划与总结

E-8 教师体检

F 家长工作类

F-1 幼儿园工作质量调查问卷（短期）

F-2 家长委员会记录（短期）

F-3 家访记录（短期）

F-4 家长开放日资料（短期）

F-5 家长会记录（短期）

F-6 亲子活动记录（短期）

F-7 表扬信（短期）

G 其他类

G-1 照片集锦

G-2 活动录像资料

难题12：园长如何协调"红花"与"绿叶"层面教师的发展？

【案例再现】

青年教师蒋老师是幼儿园里近几年成长起来的教学骨干。她好学上进，勤奋努力，加之悟性强，基本功扎实，在省市级教学能手大赛、幼儿园教师专业能力大赛中均取得了不错的成绩，还被评为省级优秀教学能手，成立了工作站，帮扶工作、下乡支教、对外观摩展示应接不暇。因此班级教学任务与班务管理工作大部分落在班主任窦老师的身上。窦老师是教龄近20年的老教师，带班工作认真严谨，教学风格扎实稳健，班务管理井井有条，班级幼儿的认知水平、社会情感与各项能力发展均好于其他班级，深受幼儿与家长的喜爱，是蒋老师的师傅与坚强后盾。尤其是近一年来蒋老师的外出活动较多，班内的工作丝毫没有受到影响，全部由窦老师和保育员承担。到学期末量化考核时，由于蒋老师的"评优业绩"突出，奖励远远高于窦老师和保育员，甚至被列为管理梯队候选人……园内某些教师看在眼里，"友情"提示窦老师："人家是红花，你们是绿叶。人家名利双收，你们却一无所获。"窦老师开始未在乎，听得多了，想一想，何尝不是？自己挑起了班内所有工作，从不找领导诉苦，困难都是自己解决，最终考核评价连个口头的表扬都没有……窦老师越想越委屈，越想越伤心……

【案例分析】

类似蒋老师与窦老师的案例在幼儿园里有很多。幼儿园虽小，五脏俱全。

幼儿园的工作繁杂琐碎，需要园长、管理人员、教师、卫生保健员、保育员、炊事员、安全员等岗位人员的全力配合，缺一不可。近几年随着学前教育的被关注程度越来越高，三级三类骨干体系的建立给了教师更多的发展机会与平台。青年教师脱颖而出既是对幼儿园师资力量的肯定与宣传，又是对教师进一步提升的激励。幼儿园既需要年纪轻、形象好、专业能力强的赛手型教师为园争光，也需要顾全大局、踏实肯干、有责任担当、让领导放心的"窦老师"，还需要充满爱心、有高度责任感、任劳任怨的保健员、保育员、炊事员等。

教师的思想、个性、思维、情感、态度等不尽相同，有个性开朗、善于表达、喜欢表现的教师，也有沉着稳健、喜欢读书、乐于思考、能沉下心来观察幼儿、善于做课题研究的老师。"横看成岭侧成峰，远近高低各不同。"园长的责任就是给不同教师搭建成长的舞台，引领每一位教师幸福成长，而"幸福就像玻璃，平时看不见，稍微调整一下角度，就会光芒四射"。

【解决策略】

教师是园所发展的动力，幼儿园的发展有赖于有朝气、积极向上、和谐友好、自主发展的教师队伍。如何为不同个性与能力的教师营造适合自己的发展空间，是摆在叶园长面前的首要问题。

一、因材而用，彰显不同

世界上找不出完全相同的两片树叶，幼儿园也找不出完全相同的两位教师，只有承认教师之间的个性、能力、特长、爱好倾向不同，顺势开发他们的潜能，才能打造出优秀的教师队伍。叶园长仔细分析了每一位教师的特点，尽可能为他们找到发展的目标，激发教师发展的内在动力，使教师的优势得以发挥，个性得以张扬。例如，蒋老师这样的教师愿意参赛、公开展示，则给他们机会展示自我；对窦老师之类年纪大、不愿意出头露面的教师则给予信任，让他们带好年轻教师；让语言沟通能力强的教师组织幼儿园的大型活动；还可让一些学历高、思维缜密、逻辑能力强的教师牵头完成幼儿园教研及课题研究的组织与实施；对于专业能力不够强，但有某方面特长（如音乐、美术、体育）的教师，可以让他们组织项目团队……心理学认为，人的行为是由动机引起的，而动机又是由需要引起的，而最为强烈的动机可称为"优势动机"。马斯洛的需要层次理论中，最高层次的需要即"自我实现的需要"——发挥自己的潜能，并完成某项工作或某项事业的愿望。幼儿园科学管理就是使员工最大限度地发挥优势，满足自我实现的需要。

二、改变评价机制，形成良性竞争格局

过去幼儿园一般采取纵向考核评价方式，以日常保教工作任务为基础，教师出色地完成任务并不能得到奖励，奖励只给予在省、市、区、园级各类竞赛中取得优秀成绩的教师。因此，愿意出头露面积极参加各类竞赛的"红花"教师在考核中往往名列前茅，而如窦老师之类踏实工作、默默担当的"绿叶"教师不免要吃亏。不科学的考核机制势必带来不公平与恶性竞争，长此以往，大家都愿意在"外面"参加展示或竞赛活动，而不甘于在园内踏踏实实地带好班。窦老师与叶园长的一席深谈警醒了叶园长，改革评价机制势在必行。

于是，幼儿园召开教职工大会，重新修订考核办法。将原来的单维度评价排名改为多维度综合考评。将考核内容分为基础化分值与亮点分值。基础化分值主要涉及日常保教基础工作，细化评价项目并且提高此部分的分值，目的是引导教师扎扎实实地做好日常保教工作。在此部分考核中，如果教师连续三个月优秀可以免检，并且获得最高奖励。亮点分值部分则根据教师的优势与兴趣，横向多个维度展开，鼓励教师根据自己的能力与兴趣自主申报幼儿园每学期开展的保教常规活动、竞赛活动、对外展示活动、教科研活动等项目，并与幼儿园签订责任书，根据难度、持续时间以及完成情况在学期末核算分值。这样一来，"绿叶"窦老师可以更从容、更踏实地做好日常保教工作，静心思考，梳理经验，指导新手教师，开展课题研究等；青年教师、特色教师、组织管理能力强的教师也找到了自我发展的空间与平台，实现了错位发展、共同提升的良性竞争格局。

【温馨提示】

（1）法国著名作家雨果曾说过这样一句话："花的事业是尊贵的，果实的事业是甜美的，让我们做叶的事业吧，因为叶的事业是平凡而谦逊的。"两袖清风甘做绿叶，一片丹心力托红花！园长的工作是选人、用人、培养人，鼓励青年教师积极向上、发展自我很重要，但营造淡泊名利、宁静致远、潜心育人的氛围更可贵，培养教师的高尚情操更是幼儿园优秀文化的体现。

（2）园长要思考如何建立公平的竞争平台，设计一套科学合理的绩效考核制度，让每一位教师感到，只要认真工作就有机会，只要干出成绩就能得到认可，"成绩"是多元化的理解与评价。园长要明确自己所追求的价值取向是什么：是"踏实、认真、一切为了孩子的发展"，还是"作秀、走过场、为博得认可而为"？园长的喜好直接影响着教师的工作态度，也造就着一所幼儿园的园风。

第一章 做个会管理、有智慧的园长

难题13：教师不服管理，当面顶撞领导，故意使园长难堪，该怎么办？

【案例再现】

周五早晨，幼儿园突然接到两个重要的工作任务，召开各部门紧急会议后，决定全体员工至少加班1天，保证任务的顺利完成。于是陈园长组织召开全体员工会议，对周末及次周的接待任务进行详细部署。

当陈园长宣布周六加班1天时，坐在第三排的霍老师说了句："我要请假，我家里有事来不了！"她的声音虽不算大，但周围的人都循声看了过去，于是有了一阵骚动。坐在前面的保教副园长站起来看了一眼，说："霍老师，有问题下来再说！"谁知霍老师居然站了起来，反驳道："这样的情况本学期又不是第一次了！我家里就是有事，我爷爷明天九十大寿，家里已提前安排好庆祝活动，反正我就是来不了。幼儿园里又不缺我这一个人，谁能加班谁来加啊！"保教副园长刚要大声回应，陈园长使劲儿拉了拉她的衣服，暗示她先坐下来。

【案例分析】

在管理过程中，园长遭遇教师顶撞确实是非常尴尬和难堪的事情。

一般情况下，员工顶撞领导绝不是因为某一件事情，只有"新仇旧恨"积怨叠加，才会爆发。特别是在园内有一定教龄、一定水平或群众威信的"老同志"喜欢当面质疑领导或表达自己的不满。园长必须要多方调查了解，弄清事情原委，并采取合理的方式主动沟通。有的园长觉得放下身段主动找员工很掉价，其实大可不必这样想。园长主动找员工，一则说明园长宽容大气，"大人不记小人过"，二则可为自己行使管理权力创造充分的条件。让员工感受到园长管理的主动性与能动性，无疑会促进幼儿园管理工作的有效开展。

园长在解决冲突时，要充分尊重员工，切不可以权压人，导致双方裂痕更深。有一些园长，潜意识里总觉得园长的权威不可挑战，被员工顶撞时显得比教师还要暴躁，一旦得理，绝不饶人，而这样只会让更多的员工敬而远之。其实这个时候，双方只有心平气和，以诚相待，才会化干戈为玉帛，真正解决冲突。

【解决策略】

一、欲抑先扬，迅速调适氛围

陈园长说："不管怎样，还是要表扬霍老师，首先，本学期初的一次周末加班，霍老师克服了困难，认真参与了工作，并且承担了一定的培训任务。其次，霍老师很勇敢，说出了许多员工，包括我的心声——不想周末来加班。我倒觉得此处应该有点掌声。咱们幼儿园一直不主张大家多加班，不仅仅是因为觉得大家很辛苦，另外也有一个原因，就是不想多发至少双倍的加班费啊！"说完，陈园长自嘲地先笑出了声。

说到此处，大家一下子放松了心情，气氛轻松了起来。

二、花明柳暗，"冷热"结合处理

陈园长接着话锋一转说："当然，我也很理解霍老师，爷爷九旬高寿庆典，家庭成员缺席是不妥的。所以，霍老师请这个假就不需要通过保教科来批准了，我在这里现场就批准。""大家还有谁也有困难，现在就可以举手示意请假！"

在座的员工互相看了看，没有一个人举手。

"没有人举手,那好,本周六早 8:00 大家准时来园,如果上午的效率很高,咱们就只加半天班好了。"

三、据理说服,事实胜于雄辩

会后,陈园长安排保教副园长把霍老师叫到办公室,和她进行了推心置腹的谈话。陈园长是本学期初才调来的,前任园长是霍老师表姐的闺蜜,对她很关照,霍老师也一直有意朝管理层努力,但前任园长却突然被调走让她感到很失落。而陈园长初来乍到,对员工的了解还不深,在平日的工作中,感受到霍老师能力强、想法多、敢于直言,也经常充当刺儿头,喜欢拉帮结派。她的周围团结着一些年龄稍大的一线教师,有时候几个人会联合起来反对幼儿园的一些规章制度。

上个月因节假日连接周末,共放假三天,按照国家统一安排,周六不休息,结果霍老师当天忘记了上闹钟,都 8:15 了,还不见她来上班,大家开始担心起来。陈园长让大家想办法联系霍老师的爱人,她爱人打家里的座机唤醒了她,她被吵醒时已经 8:40 了。按照单位出勤制度,就应算作旷工。但是她坚决不接受,在保教室和副园长发生了严重口角,一再说:"幼儿园太不人性化了!工龄十余年的员工不小心睡过头了一次,就按照旷工对待,扣掉那么多工资,良心何在?陈园长是故意收拾我的吧?"

想到这里,陈园长很明确地说:"霍老师,你的能力我都了解,你的直率我也感受到了。但是,作为一个积极、有上进心的人,就应该具有大局意识和风范。你当着全体员工的面,用这样的方式表达自己的不满,是想证明你的能力强,还是展示你的素质高呢?上次关于旷工的处理,我找你谈过,也说得很清楚——这样的处理,是彰显制度的权威,而并非针对你个人。何况,现行的出勤制度还是前任园长制定、大家通过的,在任何问题面前,制度最具有说服力。我想这一点你是有感触的。再说,那天几个小时没有音信,你能想到同事们的担忧吗?你起床的时候我已经安排小李和小马老师开车往你家走了。"

"在今天的全体员工会议上，你的表现不乏挑衅，这对于幼儿园来说毫无影响，倒是对你在同事当中的形象影响不小。如果你现在觉得不用请假了，我也就收回我刚才对你的口头批准。如果你还没想通，那就周末给你爷爷过大寿的时候和家里人分享分享。"最后一句话，陈园长可不是随口说的，因为她了解到，霍老师出身于军人世家，爷爷是很有名望的老干部，他对待工作的严苛可想而知。

四、以柔克刚，磨平棱角，委以重任

最终，霍老师悻悻地选择了次日加班，她也很要面子，在几个熟人面前不断解释，是爷爷逼她来加班的。不过，大家都不关注这些，都在想工作干得快些，下午还能休息半天呢。

事后，陈园长把保教管理人员叫来，针对霍老师的情况，提醒大家对既想上进，但又需要引导帮助的、有能力的老员工一定要理解尊重，多嘘寒问暖，还要在工作中以静制动，以柔克刚，帮助他们不断反思提升。

接下来的日子里，陈园长说到做到，在她的影响和带动下，霍老师遇事不再"棱角"突出，班级各项工作稳步推进，她还担任了教研组长的职务，非常尽职尽责。

【温馨提示】

幼儿园里，我们经常会发现这样一些孩子：他们调皮好动，希望引起成人的注意。一旦这些孩子不能用正面的方式得到关注，就会想办法用负面的方式达到目的。这是因为孩子的个人逻辑（即孩子内心的对话）正在形成。根据奥地利心理学家阿尔弗雷德·阿德勒博士的观点，这在心理学上被称作"行为的目的性"。

而成人的世界又何尝不是如此？霍老师工龄十年有余，岂能不懂得纪律与规则，但她却采取了负气的方式，抵触、顶撞领导，目的就是重新获得在前任园长时期所受到的关注，用时髦的语言讲，就是"刷存在感"。

而一个人想要在工作和生活中受人尊敬，获得存在感，必须具备高度的敬业精神、高超的技能以及高尚的道德情操，即便想引起他人的关注，也要运用正确的方式。霍老师这样的行为会令人感到不悦甚至心生反感，是因为其严重脱离了敬业精神及道德情操等内涵的支撑，只有不必要的"高调"和"张扬"，这样自然不会赢得同事的尊重和领导的青睐。

好在陈园长与其他员工对待霍老师的态度与方式"刚柔相济""扬长避短"，最终使霍老师有所改变，这也体现了陈园长的宽容与大度。假如陈园长"以其人之道，还治其人之身"，与霍老师"计较"甚至"打压"她，那么霍老师后面的进步几乎不可能实现。从这个角度上讲，陈园长的作风已经起到良好的示范带动作用，也会进一步树立她在管理中的权威。

难题14：如何在幼儿园里做到对教师的孩子一视同仁？

【案例再现】

中午休息时间，中二班班主任李老师找到雷园长，犹豫半天，才吞吞吐吐地问园长能否在下学期给她的孩子换一个班级，因为现任班主任教育理念陈旧，对孩子的要求过于严格，她希望下学期孩子能到中三班，中三班张老师和她的关系好，对孩子也会照顾得更好一些……

雷园长认真地倾听后，又把自己这两天邮箱里收到的问题一一进行了整理，幼儿园本学年入园的员工子女已经近30人了。在员工子女入园方面，大致存在以下几个问题：

（1）临聘员工与正式员工子女的入园优惠额度差异过大。

（2）在员工子女分班问题上不够"公正"。有的员工私下里贿赂编班的保教室负责人。

（3）在幼儿园举办的大型活动中，员工子女做主持人、扮演重要角色的机会多，导致其他家长不满。

（4）有的班级教师对员工子女偏袒明显，在生活及学习上有过度"照顾"的情况，还有的教师趁机"贿赂"孩子所在班级的老师。

雷园长管理的这所幼儿园是一家公办园，已经有40多年的历史了，在当地颇有名气，随着二孩政策的全面放开，幼儿园越来越不能满足当地幼儿入园的需求，压力一年高于一年。但无论压力多大，幼儿园对员工子女都要优先考虑。现在员工子女入园数额已经达到一个班级的标准了。按理说幼儿园已经解除了近30名教师的后顾之忧，可是大家的不满意程度却与日俱增。

【案例分析】

幼儿园里的青年女教师居多,一般工作几年后就要面临结婚生子与子女入园问题。教师的孩子进入本园就读具有得天独厚的条件,也算是幼儿园教职工的一种"福利"。但大多数园长都会遇到诸如上述的烦恼,如入园费优惠、分班、特殊照顾与特殊待遇等问题,处理不好就会引起教师的不满,平衡不好也会引发家长的意见。管理就是平衡的艺术,管理平衡就是实现组织与环境之间、组织系统各管理要素之间以及组织行为决策的相互协调。管理平衡不仅要做到统一思想、统一行动,还要平衡员工的利益以及心态。雷园长所在的幼儿园当下要面对的问题就是如何平衡管理的问题。

三株企业集团总裁自述企业衰落的15条错误中,有一条就是:分配制度不合理,激励机制不健全。雷园长的幼儿园就存在着正式员工与临聘员工的子女入园费差异大,员工子女分班时因与分班者(保教室负责人)的关系不同而导致分配班级时不"公正"的情况。在管理的过程中,园长作为最高组织者,要充分协调,解决幼儿园与员工、员工与员工之间存在的各种矛盾,从而达到管理中的平衡。园长要努力做到"不偏不倚,不轻不重,不疾不徐",才能有效解决矛盾。

另外,幼儿园是帮助家庭解除后顾之忧的地方,子女进入员工所在幼儿园就读后,员工既要履行工作职责,又要扮演家长的角色,必须在两者之间合理切换,有一点私心可以理解,但不可私心过重,破坏幼儿园管理中的平衡与稳定。

【解决策略】

一、全面了解员工子女的入园情况，做到心中有数

雷园长首先让负责招生的扈老师提供了详细的员工子女入园情况一览表，她发现了几个问题，例如员工子女在同一年龄段的班级分配很不均匀，就拿小班来说，一个年级7个班，小一班有员工子女5名，小二班3名，小六班1名，其余班级没有一人。小一班的田老师经验丰富，为人热情，所以"命中率"就高一些。

再结合员工提出的子女参与活动机会不公的情况，雷园长找来刚刚负责了一场大型庆典活动的金老师，详细了解节目演出及小主持人的情况。结果，四个小主持人全部是员工子女，照顾同事关系成了选拔小主持人最主要的条件。雷园长觉得十分惭愧：第一，自己平时比较"官僚"，对这些细节全然不知；第二，这充分说明师资队伍建设的问题不小，员工的职业素养迫切需要提高。

二、提出整改策略，增强员工自我管理的大局意识

"公平"是让员工感受到"平衡"的唯一方式。只有心理平衡了，员工才会有稳定的情绪，才会专注于工作。雷园长重新查看一封封跟此事相关的邮件，从中筛选大家的建议，最终在班子成员会上讨论员工子女入园方案，大家各抒己见，达成以下几点共识：

（1）员工子女入园分班实行公开"摇号"（抓阄）方式，保证在同年龄段班级中依照班次平均分配（员工的子女不可在其所在班级就读），也充分保证每个班级员工子女的人数最少。

（2）调整临聘员工子女入园的费用标准。员工实行"同工同酬"，其子女入园也实行"同入同准"的政策，增强临聘员工的工作积极性。

（3）各类大型活动、演出活动中的重要角色及节目主持人等必须以公平、

公正的方式进行选拔,给更多孩子登台的机会。选拔过程园长可直接参与,选拔结果第一时间通报所有人。

(4) 员工在上班期间严格要求自己,不可随意到子女所在班级探视,不可搞特殊化。员工子女所在班级的教师须一视同仁,不可对员工子女过度关照。

(5) 严格考核,若有贿赂情况,经调查属实的,一律按照《幼儿园师风师德建设规定》的要求处理,必要时实行"一票否决"制。

(6) 尽快出具《幼儿园员工子女入园细则》,广而告之,在员工之间形成一定的监督机制。

三、严格落实,促进规范科学的管理

园长及其他管理人员严格跟进,每学期末发放匿名调查问卷,整理数据,与员工日常工作情况考核挂钩,还可适时邀请家长参与,共同监督,保证此项工作深入推进。

事后,有几位教师来找雷园长,建议员工子女平均分配那条规定从次学年的新生入园开始实施,孩子们都熟悉了所在班级的师生,强行分开显得很不人性化。雷园长表示:一是幼儿园在区域活动开展中一直实行"走班制",孩子们对同年龄段每一个班级的环境都不陌生;二是若从新生开始,那么不公平的现状就要维持漫长的三年;三是幼儿园也时有插班生,孩子适应环境的能力都有目共睹,教师子女应适应得更快。见园长如此坚决,几位教师只好接受。当新的规定颁布后,教师们感叹:"摇号虽然有点宿命的意味,但是不失公平呀!"

最后,雷园长找来负责编班的扈老师,直言她在工作中不遵守原则对员工产生的影响,并表示师风师德建设工作必须有新的突破,必须从每个岗位与每项工作的细节开始抓,常抓不懈才能保证所有的孩子享有公平教育的权利。

【温馨提示】

上述案例中，教师对于员工子女入园有不同的声音，其实就是心里不平衡的反映。作为园长，首先必须想到和实施的就是管理中的平衡。用摇号（抓阄）的方式对同年龄段员工的子女进行平均分班，就是平衡这件事的基本方法之一。在这一规定的执行过程中，雷园长果断、决绝，甚至显得不近人情，但从管理的长效机制来讲，用制度管人是"王道"，制度面前应做到人人平等。

雷园长如此要求，也有效遏制了子女入园中的不正之风，特别是最后单独与扈老师谈话，再提幼儿园师风师德建设，可见雷园长改变这一现状的决心。

在这所有着四十余年历史的幼儿园，员工之间存在的一些情分或者矛盾，都可以理解，但这也提醒园长及所有管理人员要持续不断地加强队伍的建设，不断更新幼儿园的管理理念，建设与时俱进的组织文化，让幼儿园始终保持新鲜的生命力。

难题15：二孩政策来临，园长如何面对教师孕妇群体？

【案例再现】

保教主任一筹莫展，因为又有一名教师来报告她怀孕了，医生说要注意休息，不能从事特别繁重的体力劳动。这已经是本学期第四名怀孕教师，加上上半年怀孕及休产假的3人，共7人。自从二孩政策全面放开以来，幼儿园就接二连三地有孕产妇请假。保教主任自嘲地说："今年，我可是充分感受到了HR（Human Resources，人力资源）的工作是怎么回事了。"恰逢苗园长到保教室来，保教主任像遇到救星似的："园长，您说这二胎政策，对国家来说是个好事，可我们幼儿园怎么办呢？"

其实苗园长也很苦恼，上学期还好，幼儿园提前物色师范学院的实习教师，前后共招聘了4名教师，其中3名顶岗，1名机动。开学后，迫于无奈，又从别处挖了1名教师。谁知开学没两个月，怀孕教师又开始扎堆儿了。

【案例分析】

2015年10月，十八届五中全会决定实施"全面二孩"政策，这是促进国家人口均衡发展的重大举措，从长远来看，此举有利于提升我国的国际竞争力。但是在青年女教师占比非常大的幼儿园，就会发生较为严重的"产假式"缺岗的情况，极大地影响教育教学工作的正常开展，使保教质量受到影响。

苗园长所在的幼儿园是一所新开设的城区公办幼儿园，建园时间不到5年，规模为12个班级，专任教师36名，其中男教师1名。建园初期招聘的教师平均年龄为25岁，有的教师上班第一年就怀孕生子，实行二孩政策之后，教师集中生孩子的现象更加突出，出现了年度内处于孕产期的教师比例高达19.4%的情况。日常工作中，由于怀孕不适、定时孕检及正常的生产等，请假教师接连不断。为保证孕产妇的健康，园长与管理人员只能准假。而教师长时间休假返回岗位后，也会出现精力跟不上、理念跟不上以及心思不在幼儿园等情况，极大地影响了幼儿园的保教工作质量。

当下，幼儿入园人数增加，幼儿园超编现象普遍存在，而幼儿园在职教师的培训活动也越来越多，有的培训时间还较长，教师的精力与时间颇显不足。教师的培养本身就是一个阶梯式的过程，"产假式"缺岗会直接导致教师培养出现断层，直接影响教师专业成长的持续性。

【解决策略】

摆在苗园长面前的问题其实并不复杂，而难点则在于时间，即如何尽快招聘员工，解决缺岗问题，并用最短的时间让顶岗教师能胜任工作。苗园长和管理团队迅速思考，立即做出决定。

一、未雨绸缪，积极做好摸底工作

统计次年度内计划生育孩子的教师人数，基本确定在接下来至少两年时间内幼儿园对临聘教师的"刚需"人数，目的是让教师们尽量有序生育，使工作有计划、有准备、有条理地开展。

二、放低身段，面向社会公开招聘

苗园长这所幼儿园是几年前被政府作为重点项目兴建的一所幼儿园。短短几年时间，幼儿园凭借着高起点、强实力的优良条件，迅速发展成一所省级示范幼儿园，在行业内外产生了很大的影响。许多教师都是通过教师招聘考试层层选拔成为这所幼儿园的正式员工，但是现在幼儿园只能临时聘用员工，当初蜂拥而至的情景已经不复存在，对临聘教师也只能降低要求了。上学期，苗园长还让教师们介绍同学加入，前面几位临聘新教师就是以这样的方式加入这个团队的，可是现在，只能公开招聘"临时工"了。保教主任总觉得这么有名气的一所幼儿园，在网站、微信群或者QQ群发招聘信息，是一件很没有面子的事情。苗园长却分析道："这个时期，教师缺岗现象普遍存在，招聘教师是件正常的事情。"于是幼儿园迅速在智联招聘、前程无忧等网站上投放了招聘广告。

三、放宽条件，大量招聘男教师

很显然，男教师即使休产假，在时间上也相对要短些。而随着学前教育行业的迅速发展，招聘男教师渐渐由难到易。苗园长决定多招聘男教师，既可招聘学前教育专业的男教师，让他们专职带班，也可招聘体育、艺术类专业的男教师，根据其专长安排他们专门教授某一门课程。男教师有活力，孩子们更喜欢他们教授户外健康课程。当然，招聘男教师的前提是他们必须持有教师资格证。

四、即时改革，调整班级岗位结构

之前每个班级配备三位教师，隔周轮流做保育工作，现在，在多名教师缺岗的情况下，招聘专职保育员，将部分班级设置为"二教一保"。从高中或大专学历的特定人群中招聘保育员，如四五十岁的下岗女工、年轻的妈妈、热爱教育事业的社会人员。经过一定学时与内容的岗位培训，这些"专职保育员"即可完成卫生、清洁、保育等方面的工作，认真细致、吃苦耐劳，而且对待孩子有耐心，照顾孩子有经验，不但填补了岗位空缺，而且与青年教师形成优势互补，解了燃眉之急。

五、另辟蹊径，试行人性化制度

苗园长考虑到即便临聘教师入职，也要在一定时期内保证其稳定性，不能出现休完产假返岗的教师一归队就让临聘教师没有了工作的情况，故在国家规定的基础上对员工的休产假时间进行了大胆调整：工龄不足 3 年的教师，可在法定产假基础上多休 3 个月；工龄达到或超过 3 年的教师，多休 6 个月。多休的时间均按照病假制度发放工资。这样既拉长了临聘人员的入职周期，又让休产假的教师在产后得到了有效的休整，进一步保障了幼儿园教师队伍的相对稳定性。

另外，当临聘人员人数较多时，有孕妇的班级可按照 4 人/班的比例设置配班教师，尽量减少孕期教师的体力劳动，保证胎儿的正常发育。

【温馨提示】

上述幼儿园是一所年轻的幼儿园，只能借助于大量招聘新人来解决缺岗的问题。而一些规模较大、办园历史悠久的幼儿园也会出现这样的情况，这些幼儿园完全可以通过内部挖潜，积极做好思想工作，将长期被"雪藏"的一些二线教师推出来，或者有意拉开一线、二线教师的待遇，"倒逼"二线教师重新走进班级，从而有效缓解教师人手不足的问题。

二孩时期女教师紧缺的问题不仅存在于学前教育领域，在小学乃至其他学段或其他领域都普遍存在。因此，园长可建议由政府牵头，设立一些临聘保教人员的储备中心，由一些退休教师、师范院校的应届毕业生甚至社会志愿者组成，在幼儿园有需求的时候及时供给，保证全民教育不掉链子、不脱节，解除社会和家庭的后顾之忧。

培养未来幼儿园教师的学前师范院校应该立足当下，结合学前教育领域的各项大数据，依据国家政策，有目的、有计划地为社会储备幼教人才，尽可能把二孩时期女教师缺岗的影响降到最低。

难题16：年度评优暗流涌动，园长如何辨析并有效处理？

【案例再现】

年度末，欧阳园长在邮箱里看到一封署名为"小正老师"的邮件："园长，又快到评选优秀的时候了，您一定要关注老师们在下面的一些动静。有的老师为了当上先进，采取各种'动作'，评优暗流涌动！期待着您的治理，也请您不要关注我是谁，我只是正义一回而已。"

欧阳园长叫来保教主任、后勤主任，没有提邮件的事情，只是让她们打探关于年度末评选优秀的"风声"，看看到底"暗流"涌动到了什么程度。

结果很快出来了：大三班大王老师昨晚邀请了近十个人唱卡拉OK；小五班的杨老师连续几周请不同的老师吃饭；中四班的姚老师建了好几个闺蜜群，闺蜜群里还有幼儿园的两位男教师，她一有空就在群里发小红包……

欧阳园长认真地听两位主任汇报完，问了她们的感受。整个过程很短，但是保教主任一直都显得有点不自然。她们走后，欧阳园长盯着电脑上的评选条件沉默了许久……

【案例分析】

拉票是在选举、评选投票前，候选人或公投等议题的提名人，向持有投票权的成员，有系统、有组织地接触、站台、家访等。但是拉票本应是正面引导对方来支持自己的，吃饭、唱卡拉OK、发红包等就貌似"贿选"了。这种"拉票"不是真正的干工作，而是经营"关系"。这样的事情发生在幼儿园教师身上当然是不可取的。

评优可以增强员工的责任心，提高员工的工作热情，从而促进员工职业素养的提升，但是失去了客观、公正、公平的评优就失去了评优的价值和意义。如果优秀都是靠"贿选"的方式得来的，就会给幼儿园的组织文化建设造成非常坏的影响。所以园长要尽快采取合理措施，从根本上截流拉票"成果"，让这种"贿选"自然瓦解。

【解决策略】

欧阳园长认为这件事情应以"急事缓办"的方式来处理，她要给自己几天时间先进行认真的思考。首先要给"小正老师"回复邮件。

可爱的小正老师：

  我真的不知道你是谁，但我很喜欢你的名字，更为幼儿园有你这样正直的有心人而感到无比的欣慰。

  请你相信欧阳，在距离评优还有一周多的时间里，我一定会拿出一个较为理想的方案，让大家选出真正的优秀员工。

  后续还有什么情况的话，也请你随时发邮件。

  谢谢你！

欧阳老师
×年×月×日

接下来的一周多时间里，欧阳园长按照几个步骤对这件事情进行了处理。

一、分析"拉票"情况严重的根本原因

（1）历年评优形成的认知"习惯"：评优基本上是"以票取人"，大家把

得票情况作为最终成为优秀员工的唯一指标,导致"民主"氛围过度,"集中"形同虚设。

(2)奖金与荣誉的双重诱惑:在各种年度评优中,优秀员工的奖励标准无疑是最高的,而且会给个人发展提供更多更好的条件和机会。

另外,这次拉票贿选的情况空前严重,说明之前已经有苗头了,也说明园长还不够敏感。想到这里,欧阳园长的眼前不断浮现出保教主任那天很不自然的神情。

二、调整评优方案与策略

欧阳园长用半天时间在网上浏览了一些组织机构评优方面的资料信息,也与规模较大的知名幼儿园园长聊了一些年度评优的措施与方法。她毅然做了以下调整:

(1)改往年部分员工作为候选人为全部员工均是候选人。往年在全体员工正式选举时,候选人名单中就只剩下全年全勤、考核方面无任何扣分的员工,参评员工的比例缩小,拉票的范围就会扩大。让每个人都成为候选人,也会让每位员工通过票数对自己在其他员工心中的威信有所了解。

(2)将15%的优秀率提高至20%,让员工有更多的机会进入先进的行列,提高员工工作的积极性,也尽可能稀释拉票的那些人的票数。

(3)在往年单一设置的"优秀员工"奖项基础上增加"最佳奉献奖""最佳进步奖""最佳新人奖"。这几种奖项是对通过硬性指标不能入围但工作成绩较为突出员工的勉励,旨在从不同的角度激励更多的员工进步。例如,有的员工虽然年度内因特殊原因请过2天事假,但是完全有可能进入增设奖项之列。

(4)上述所有获奖者的名单将最终通过园务会议集中讨论通过。

形成的评选条件和评选方法分别如下:

评选条件

①具备良好的职业道德，具有强烈的责任感；

②热爱本职工作，严格遵守幼儿园的各项规章制度，时时处处起到表率作用；

③善于沟通，和同事相处融洽；

④热爱学习，热爱生活，工作中有创新，生活中有热情。

评选方法

①全部员工均为候选人；

②各个部门按照20%的比例进行评选，教师评优名额最多不超过×人，保育员最多不超过×人，后勤行政部门最多不超过×人；

③在同意的候选人姓名后面打"√"，可比限定名额少，若超过候选名额则视为弃权。

三、评优过程中的细节处理

（1）时间调整，避免互相通气拉票。往年评优都是利用午休时间，因幼儿午睡时，班级会有1人值班，所以需要轮流投票，中间会有走动交流。此次改为某天下班后，待幼儿离园后，全体员工同步进行。

（2）调整唱票人。每次评优都会随机从会场前排抽取几个人分别进行监票、唱票和计票，这次，欧阳园长直接选取有"贿选"行为的3个人共同完成这一任务。当欧阳园长请这三个人到大黑板前的时候，许多老师忍不住含笑对视，有的员工还开始窃窃私语。

（3）科学计票，避免过于集中。因为员工100%是候选人，且评优条件、数量有所改变，所以员工得票不够集中，故对票数没有过半的候选人进行二次投票。

结果上述三人中仅有一人被评上优秀，而且票数并不是特别靠前。中四班的姚老师当场都快哭了。

之后，园务会成员连续作战，对评选出的结果一一讨论，合并意见，并结合其他几个项目"对号分类"。让欧阳园长有点失望的是，保教主任在管理层的得票很不理想，她之前可是年年当选啊！

欧阳园长给"小正老师"又发了一封邮件："小正老师，不知道今天这样的改革和评选结果，你和同事们是否满意。你们还有什么好的意见和建议，请随时发邮件给我。"邮件很快得到了回复："亲爱的园长，谢谢您对这件事情的重视！其实正如您所料，'小正'并不是一个人，而是一群人。我们确实没想到这次会有这么大的动静，尤其是我们这些人里面还有几个年轻人也'中奖'啦，太开心了！么么哒！""么么哒"的后面还有一个可爱的表情，把欧阳园长彻底逗乐了。她看到了年轻老师的热情和力量，顿感欣慰。

第二天，欧阳园长一打开电子邮箱，保教主任的邮件就来了："园长，您给我郑重地上了一课。以往的都过去了，我的改变您一定会很快感受到。请您一如既往地帮助我、支持我、信任我！"

【温馨提示】

世界上没有绝对的公平，评优的事情即使再公开透明，也不能达到100%的公平。就算欧阳园长紧急之下进行了改革，也仅能达到相对意义上的公平。

有的员工在评优时总会有一个潜在的选择条件，即"我和谁好就选谁"。还有的人觉得谁平时好相处、不多事、是个"老好人"就选谁。有一位老师的父亲得了一场重病，许多同事去她家看望了，令她十分感激。所以投票时，看望了病中父亲的人就是她心中的优秀员工，她是借投票来感恩和回报的。

也有的员工内心总觉得自己不行，可看着别人当选心里又会不舒服，于是在选票上只勾选一个人（自己）的名字，或者不愿充分行使自己的权利，只选寥寥几个人来敷衍。

对上述这些现象进行追根溯源，还应归结于幼儿园的管理。在幼儿园里员工以女性居多，园长一定要了解每一个班级、每一个员工的情况，不能只看到表面的、突出的问题。例如，保教主任利用自身职务之便多次拉票，园长却从未觉察，导致一线教师纷纷效仿，既说明园长不够敏感，也充分说明中层管理干部的承上启下作用没有正确地发挥。园长凡事既不可以一叶障目，也要在对待员工上做到不偏不倚，公平、理性地对待一切，如此才能在幼儿园营造和谐又不失正气的园所文化。

第二章

做个懂专业、能研究的园长

"领导保育教育"是园长六大专业职责之一,从 10 项具体要求中可以清楚地看出,《幼儿园园长专业标准》凸显了园长作为"教育者"的本体角色,要求园长在专业理念与认知、专业知识与方法、专业能力与行为方面均具有一定的认知水平与领导能力。

在征集园长问题时,许多园长对如何应对"小学化"、如何解决大班额、如何创设游戏环境、如何领导幼儿园教师开展科研教研活动、如何科学实施幼儿园课程、如何理解幼儿园特色教育等问题反响强烈。这些问题可能是县城、乡镇幼儿园存在的普遍问题,更是难以解决的棘手问题。这里固然有时代背景下的特殊原因,但寻根溯源,主要是由园长在保教认知与课程领导能力方面尚较薄弱所致。这些问题是较为复杂的系统问题,解决好这些问题需要系统跟进,也需要时间,不可能一蹴而就。

在本章中,笔者从认知与理念入手,结合《幼儿园园长专业标准》的要求,面对棘手的共性问题,彰显园长专业水平与解决问题的能力,提出的策略与方法可行可鉴,希望能给同行们指引方向,引发大家的思考。园长不仅要掌握幼儿园保育教育的原则和原理,更要熟知幼儿身心发展的基本规律和特点,把握好幼儿园的发展方向,对教育资源做出精准的甄别与判断。园长的专业水平和思想高度往往决定着幼儿园发展的方向和整体水平。

附:《幼儿园园长专业标准》园长专业职责之"领导保育教育"

专业职责		专业要求
三、领导保育教育	专业理解与认识	21. 坚持保教结合的基本原则,把幼儿的安全与健康放在首位,对幼儿发展有合理期望。 22. 珍视游戏和生活的独特价值,尊重和保护幼儿的好奇心和学习兴趣,重视幼儿良好学习品质的培养。将人际交往和社会适应作为幼儿良好社会性发展的重要内容。不得以任何形式提前教授小学内容,防止和克服幼儿园教育"小学化"倾向。 23. 尊重教师的保育教育经验和智慧,积极推进保育教育改革。
	专业知识与方法	24. 掌握国家关于幼儿不同年龄阶段的发展目标和幼儿园保育教育目标。 25. 熟悉幼儿园环境创设、幼儿园一日生活、游戏活动等教育活动组织与实施的知识和方法。 26. 了解国内外幼儿园保育教育的发展动态和改革经验,了解教育信息技术在幼儿园管理和保育教育活动中应用的一般原理和方法。
	专业能力与行为	27. 落实国家关于保育教育的相关规定,立足本园实际,组织制定并科学实施保育教育活动方案。 28. 具备较强的课程领导和管理能力,指导幼儿园教师根据每个幼儿的发展需要,制定个性化的教育方案,组织开展灵活多样的教育活动。 29. 建立园长深入班级指导保育教育活动制度,利用日常观察、观摩活动等方式,及时了解、评价保育教育状况并给予建设性反馈。 30. 领导和保障保育教育研究活动的开展,提升保育教育水平。

难题17：上级规定幼儿园不准使用教材，幼儿园课程该如何实施？

【案例再现】

开学在即，省教育厅下发紧急通知：从秋季学期起，全省幼儿园不准再使用幼儿教材，严禁统一购买幼儿教材，更不准搬用小学教材；不准教学拼音、汉字书写、奥数、珠脑心算等"小学化"内容；不准给幼儿布置家庭作业；不准进行任何形式的测验和考试；不准开办各种形式的学前班（小学预科班）；不准在正常的幼儿一日活动时间内开办兴趣特长班。对存在"小学化"倾向问题的幼儿园，将给予警告、通报批评，直至取消办园资格等处罚。

看到这则通知，王园长不知所措。幼儿园不涉及"小学化"课程内容可以，不让使用教材，幼儿园的课程该如何实施呢？教师学期末备课都是按照教材上面的内容计划课时的；小朋友使用教材可以进行一些认知、操作练习，唱唱童谣，看看故事，甚至可以背诵书中的故事，在游戏操作中体会数学的有趣；家长可以根据教材了解幼儿园的学习内容，在家中辅导并帮助孩子认知，巩固所学的内容。如此一来，幼儿园课程实施受到了极大的影响，家园共育无法更好地落实了。

【案例分析】

王园长的困惑代表着一批在课程领导方面不够专业的园长的困惑。上述幼儿园之所以在接到上级通知之后手足无措，是因为长期以来，幼儿园的课程不是完全以《幼儿园教育指导纲要（试行）》和《3—6岁儿童学习与发展指南》为目标，以本园儿童的发展为基础，把儿童发展目标渗透在一日生活的各个环节中，以生活、游戏、学习、锻炼为基本途径，重视家园共育，挖掘现有资源，建立课程体系，而是以"教材"为蓝本，重"上课"、轻"生活和游戏"，重"知识"、轻"情感与能力"，忽视了儿童学习的特点与多种途径，对幼儿园"课程"的认知存在偏差。

【解决策略】

一、学习理论，厘清概念

首先要厘清如下几个问题：什么是课程？什么是幼儿园的课程？幼儿园课程如何实施？

关于课程，主要有两种说法：一种将课程理解为教学科目、教材或学科的总和，另一种将课程理解为学习者在学校环境中获得的全部经验或指学生在教师指导下各种活动的总和。

我国幼儿教育家张雪门先生指出，"课程非但是人类生活的经验，尤其是有价值的经验的选品"。我国幼儿教育家张宗麟先生认为，"幼稚园课程者，由广义地说之，乃幼稚生在幼稚园一切之活动也"。华东师范大学李季湄教授指出，幼儿园课程是"实现幼儿园教育目的的手段，是帮助幼儿获得有益的学习经验、促进其身心和谐发展的各种活动的总和"，即幼儿在园一日活动均为"课程"。课程从形式上可划分为学习、运动、生活、游戏等活动类型，从空间上则囊括幼儿园室内外所有的生活、学习运动的场所，从时间上涵盖了从幼儿入园到离园的所有时间。当然从广义上讲，家庭、社会均为课程实施的场所。《幼儿园教育指导纲要（试行）》和《3—6岁儿童学习与发展指南》规定，幼儿园教育的内容划分为健康、社会、语言、科学、艺术五大领域，通俗地讲，就是将五大领域的教育目标、内容渗透于一日活动不同的环节和教育组织形式之中，即所谓"一日活动皆课程"。具体来说，幼儿园课程的本质表现在以下几个方面：第一，幼儿园课程目标在于丰富幼儿的生活和学习经验，而不是系统传授成人世界现成的知识体系，更不是教授某一套教材。第二，幼儿园课程提供给幼儿的是经过精心选择和组织的供幼儿感知和体验的现实事物和事件，而不是供幼儿阅读的文字文本。第三，幼儿园课程的实施贯穿于幼儿园一日生活的各个环节，而不仅仅在集体教学活动中进行。

二、请教专家，借鉴同行

幼儿园的课程究竟该如何实施呢？在教科研部门专家的指导下，经过与同行的沟通交流，学习借鉴同行的经验做法，王园长终于厘清了"幼儿园的课程"与"幼儿园教材""集体教育活动"之间的关系。不允许幼儿园使用教材不等于幼儿园没有课程、没有教材，更不等于不允许教师借鉴、参阅教材。

专业能力强的幼儿园能够依据儿童发展目标，根据课程理论进行课程体系建设，包括目标体系、内容体系、实施体系、评价体系，对幼儿园课程的特质、幼儿园课程的创新机制以及课程各领域目标、内容、教育实施方法、教育资源的整合等问题进行全面调整和平衡，凸显幼儿园课程生活化、游戏化特质以及创新教育理念的渗透。

专业能力欠缺的幼儿园可根据实际情况，在专家或有经验的同行指导下，慎重甄别市场上现行的幼儿园教材，优选某一两套教材作为蓝本，结合当地与幼儿园实际，考虑儿童发展的可能性、地域性、教师可操作性等问题，学习、参考，并有效取舍、增补，同时考虑生活、区域游戏、户外运动、家园共育等课程目标的实施途径，合理安排一日生活，优化课程方案，促进幼儿全面发展。

三、分析现状，梳理课程

幼儿园课程建设是一个非常专业的问题，绝大多数一线教师，包括园长不是课程建设的专家，对于课程的架构、内容、组织实施与评价不是特别清晰，而在学习、借鉴、传承的基础上取其精华、去其糟粕的创新过程，是一个艰苦而漫长、不断丰富完善的过程，非一朝一夕所能达到。

立足实际，在专家的引领下，剖析本园幼儿、家庭、教师的实际情况，充分利用本土资源，借鉴优秀课程并以此为蓝本，分析目标与实施途径之间的联系，逐步创建或完善园本课程。如生活和游戏活动具有"隐性课程"的特质，计划课程时要考虑哪些目标是通过生活和游戏实施的，创设什么样的教育环境、如何组织一日活动有助于这些目标的实现，哪些目标是需要通过集体教育活动和个别化学习来完成的。教材的编制是一项非常专业的工作，有许多基本要求和原则：科学性、思想性是首要原则，向幼儿传递的知识、技能应该是正确、可靠、符合规律的；内容、组织形式、方法应该是符合幼儿年龄特点和认知规律的；传递的信息应该是正向的，具有正能量。任何有悖于这条底线的内容都在禁止之列，没有任何商榷的余地。

【温馨提示】

（1）由于我国学前教育发展的不均衡以及幼儿园课程的特点，2001年教育部颁发了《幼儿园教育指导纲要（试行）》，国家将课程自主权下放给了地方甚至幼儿园，大多数地区尚未形成统一的课程体系与要求。有些幼儿园逐步建立并实施自己的课程，有些幼儿园还是以某一两套教材为蓝本实施课程。但"教材"绝不等同于"课程"。幼儿园编写幼儿园课程之前，应组织相关人员认真学习《幼儿园工作规程》"总则"中第五条"幼儿园保育和教育的主要目标"、第五章"幼儿园的教育"中的相关条目，并且依据《幼儿园教育指导纲要（试行）》和《3—6岁儿童学习与发展指南》，分析本园幼儿的基本情况，最好能够依托专家的指导，建立起初步的课程框架，逐步完善与优化课程内容。

（2）幼儿园课程体系建设是儿童发展的源泉，是幼儿园工作的核心内容。《幼儿园园长专业标准》中也指出，园长的专业能力之一是"领导保育教育"，"具备较强的课程领导和管理能力"是对园长的基本要求。因此，作为一园之长，非常有必要在幼儿园课程建设方面多一些理论的学习与思考，挖掘资源并借鉴，加强与同行的交流与沟通，逐步形成符合《幼儿园教育指导纲要（试行）》与《3—6岁儿童学习与发展指南》的要求，适合本园幼儿发展的本土课程体系。

难题18：幼儿园教师参与教研活动热情不高怎么办？

【案例再现】

案例一：周二中午的教研活动时间，大二班王老师拿着教研记录本慵懒地走进会议室，找了一个离主持人（保教主任）较远的位置坐下来。教研活动开始了，本次活动内容，一是共同学习《3—6岁儿童学习与发展指南》，二是传达区教育局关于开展赛教活动的通知，三是安排本周家长开放日活动。学习《3—6岁儿童学习与发展指南》的方式是指定一名年轻教师朗读，其他教师记录关键问题，后两项内容则由保教主任安排。王老师只是在教研记录本上随意记上几笔，赛教或公开活动主推年轻人参加，她认为与自己关系不大。虽然她是有十多年教龄的老教师，教育教学经验较为丰富，但是她对此类教研活动兴趣不大。因为幼儿园教研活动虽然定期开展，但是绝大多数活动不痛不痒，只是走走过场，既解决不了问题，又让人无多大收获。其他教师与王老师态度相似，只是人来签到，积极性并不高。

案例二：S幼儿园的教研活动已经被其他事情挤占两次了，一次是外来交流，一次是安全检查。又是周二固定教研活动日，内容是观课研课，两节集体教学活动之后，上课教师进行课后反思（所谓课后反思，讲得更多的是设计意图以及如何设计教学活动，关于幼儿活动过程与活动效果，一句话带过——"我认为今天的活动基本达到了教学目标"），之后主持人保教李主任请大家发表意见。教师们都低着头不响应。李主任见大家不发言，于是从紧挨着自己的一位教师开始，要求大家轮流发表意见。前几位教师发言只提"优点"，不谈"缺点"，于是主持人要求后面的教师"为了帮助上课的教师更快地进步，只谈缺点，不谈优点"。于是，后面发言的教师开始"搜寻"教学活动中的"问题与缺陷"。最后李主任把大家的意见综合了一下，教研活动草草收场……

案例三：区教研员查看某幼儿园本学期教研活动计划（9月：常规培养；10月：环境创设评比；11月：有效集体教学观摩研讨；12月：如何在一日生活中渗透品德教育；1月：教研心得交流）发现，教研工作记录内容繁杂，临时补救的痕迹明显，由此可见教师对教研工作的认识不足，热情不高。

【案例分析】

"教研"是教学研究和教育研究的简称。教研活动是指组织全体教师参加，以直接提高教育教学质量为目标的研究活动。教研活动既是提高保教工作质量的重要途径，也是提高广大教师业务素质的重要手段。目前，在"教师成为研究者"的国际发展趋势与"以问题为中心、以学校为基地、以教师为主体"的"校本教研"的影响下，幼儿园"园本教研"得到长足的发展，对于提升保教质量、促进教师专业发展起到了重要的促进作用，"科研兴园"已成为许多幼儿园的共识。但随着学前教育事业的飞速发展，教师及管理队伍的数量及素质亟待提升。笔者经过调查发现，园长对于"提升教师参与教研活动的积极性和提高教研质量"的需求迫切。以上案例是在许多幼儿园的教研活动中存在的普遍现象。

目前幼儿园教研活动中比较突出的问题有以下四个。

问题一：教师不知"教研"为何物，不了解其作用与价值何在，不清楚开展教研活动的形式与内容。

问题二：教研活动随意，计划性、目的性、连续性不强，不能解决保教过程中的困难与问题，不能突出"研"，走形式，走过场，甚至与其他保教活动工作安排混为一谈，成为学习文件或工作安排会议。

问题三：教师的教研主体地位不明确，管理者或组织者的权力过大，研什么、怎么研、为什么研都由管理者决定。"主持人"由管理者担任，教研过程更是"行政指令"偏多，"主持人"扮演"管理者"而非"参与者"。教师处于被领导地位，态度更多的是"附和"或与领导保持一致，导致教师参与教研活动的积极性不高。

问题四：同伴互助少，专业引领不足。和专业研究人员比，幼儿园教师无论在知识储备上还是在研究能力上都存在着一定的局限性，难以从纷繁复杂的教育实践中提取有效的教育问题、高效解决并总结出一定的规律或经验，运用理论解决实践问题的能力普遍欠缺。讨论来讨论去，总是在枝节末梢看问题，看不到问题的本质。部分管理人员的专业性不足以支撑其对教师的指导、帮助与引领，缺少专业支持的教研活动传递给教师错误的信息与理念，久而久之，教师就会失去参与的积极性。

【解决策略】

一、突显"价值"，有兴趣，有需求

首先，要了解教研活动"为什么而教、为什么而研"，研究的问题来自保教工作实践或教师亟待解决的困惑与难题，教师有了需求才会有兴趣。在专家的引领或充足的学习准备下，教师通过研究讨论，认识到教研活动对于自身专业成长与提升幼儿园保教质量、促进幼儿发展的重要性，自己解决自己的问题，每次教研活动都有所获，才不会视教研活动为"负担"，而会将之作为专业成长的"给养站"。

其次，幼儿园教研管理要从"行政取向"转为"专业取向"，教研管理者要从"应对检查""收集资料"的出发点走向"解决实际问题与困惑"、"引导教师专业成长"，实现"人本化"管理，关注并分析教师的教研需求、保教工作中的问题，科学规划，分层指导有不同需求的教师。例如，充分发挥教学

经验丰富、研究能力强的教师在教研活动中的"中流砥柱"作用，深入思考并研究问题；对于新手教师、研究能力较弱的教师，则鼓励他们参与"专题研讨""教学反思"等活动，并有针对性地开展项目培训，提升其理论水平。例如，某保育院开展"热热闹闹的中国年"主题课程研究：每到教研活动时间，课题组成员都迫不及待地来到教研室。大家对于主题的修补完善，课程资源的增添或取舍，儿童实施项目活动的表现、发展以及家园共育中的问题及收获，都有自己的看法与理解。"研"的氛围异常浓厚，园长、保教主任都参与其中，教研成为教师的需求。在研讨与交流中，有碰撞有交流，有求教有施教，教研成为教师们的"最爱"。

二、明确"主题"，有目的，有计划

幼儿园教研要有规划。根据幼儿园的发展需求，规划分为长期规划与短期规划。长期规划与幼儿园及教师的发展密切相关，分析幼儿园有哪些优势、哪些劣势、哪些特色，教师的整体水平与个体差异等问题，可保证教研的系统性与深入性。例如，某幼儿园关注教师专业发展与学科知识的深入学习，开展学习"PCK理论及领域核心经验"的活动，以弥补教师在各领域知识、关于幼儿学习与发展的知识和相应教学策略方面的不足，使教师将关于领域的知识融会贯通在一日生活的各个环节中，随时随地看懂幼儿的学习与发展，并给予有效的支持与帮助。短期计划是长期计划的具体化，也是结合现实问题对长期计划的补充，短期计划的制订要保证科学性、适宜性与可行性。每次教研活动要有计划，依据长期计划了解教师的普遍性、突出性问题，尽可能收集相关信息，提前通知教师做好充足的准备，让教师在活动中"有备而来""有话可说"，提升参与性、互动性。

三、突出"主体",有表达,有质疑

教师是园本教研的主体,园长要在全园范围内营造"学习与研究"的氛围,让教师勇于面对现实,提出困惑与问题,乐于参加研究活动,把教研活动变成学习与分享的平台。教研活动中,管理者"退位",让教师"上位",把话语权交给教师,突显"研"的意识,引导教师探索、改变现有观念与教育行为的研究,通过理论学习接受新的理念与思潮,并运用于自己的教育实践之中。教研管理者可引导教师对一些问题进行深入思考,如"你认为为什么会出现这样的问题?还可能会发生什么?需要从哪些方面入手解决这一问题?",等等,鼓励教师畅所欲言,允许教师有质疑、有困惑,支持教师表达,由此才能形成民主、开放、信任的研究氛围。

四、确立"主线",有引领,有归纳

每一次教研活动的开展需要有重点研究解决的问题,这些问题就是"线索",让教师带着问题看现场、学理论、反思、讨论,才会有的放矢。当然,教研不能缺少专业引领,但专家引领毕竟是有限的,专家更多的是在教育理念、教育诊断、研究方法上给出一些指导或方向,许多问题只能靠教师自己研究解决。教研管理者需提升教研引领能力、理论水平、教育诊断能力,多方面收集信息,与同行沟通,开展园际合作,有效利用各种教育资源,不断提升专业引领能力。在教研活动中,虽然把主体权、话语权交还给教师,但教研管理者作为专业引领者,对方向的引领、对问题解决方案的归纳梳理必不可少,这样才能提升园本教研的质量,促进幼儿园教育的良性发展。

【温馨提示】

(1)正确认识教研活动的价值是保障教研活动有效性的前提。许多幼儿

园教研活动走过场,其他任何活动都会取代教研活动的开展,教研甚至成为"负担",究其原因是管理者对教研的价值认识不清,因此学习了解相关政策文件是对管理者引领教研的基本要求。

①《关于幼儿教育改革与发展的指导意见》指出:"幼儿园要建立促进教师专业水平不断提高的机制。要鼓励教师立足教育实践,开展日常教研活动,不断提高教师素质。"

②《国务院关于当前发展学前教育的若干意见》指出:"建立幼儿园园长和教师培训体系,满足幼儿教师多样化的学习和发展需求。"

③《幼儿园教师专业标准(试行)》要求:"制定幼儿园教师专业发展规划,注重教师职业理想与职业道德教育,增强教师育人的责任感与使命感;开展园本研修,促进教师专业发展。""针对保教工作中的现实需要与问题,进行探索和研究。""制定专业发展规划,不断提高自身专业素质。"

(2)教研管理者的领导力与指导水平是提升教研质量的保障。管理者要提升专业领导与指导能力,确保教研的有效性。要分析本园教师队伍的问题、现状与需求,结合保教工作的重点内容,提前规划教研方向,自上而下与自下而上相结合,充分调动教师的主观能动性,让教师在"研究"中体验到收获与价值,从而爱上"教研",逐步养成"研究与思考"的习惯与意识。

难题19：班额大导致幼儿园保教质量堪忧怎么办？

【案例再现】

随着城市（县城）人口的不断增长，大班额成为县城、乡镇幼儿园的普遍现象。S幼儿园每班的人数高达50～60名。在每年的招生季节，园长的手机都不敢开机，最怕领导以及有关部门人员打电话，但仍无济于事。大班额导致幼儿园保教质量无法保障，隐患无穷。

其一，安全及卫生保健存在隐患。几十个活泼好动的孩子挤在一间并不宽敞的活动室里，互相碰撞、拥挤喧哗，教师和幼儿心情浮躁，不易安静，加之空间小、密度大，空气不易流通，幼儿年龄小、抵抗能力较差，容易诱发季节性传染病，大班额给幼儿园的安全卫生管理带来了极大的压力。

其二，教育活动难以组织，只能消极等待，安全保底。由于班级面积小，人员密度大，无法开展区域活动。否则每个区域都会涌入十几名幼儿，空间、材料均无法保证，更别提有效的个别化学习与自主游戏。户外活动时，活动材料少，教师高度紧张，怕出安全事故，幼儿排队等待游戏的时间长。班级活动以集体教学为主，师幼互动频率极低。一日生活中其余时间以教师高控为主，严格限制幼儿自主活动、自由交流。

其三，教师疲于应付安全管理，职业认同感欠缺，专业发展受阻。在如此大的班额与安全压力下，教师只能成为知识的传递者、纪律的维持者、安全的看护者……琐碎而繁忙的工作占用了教师的全部时间，他们累得筋疲力尽，抽不出时间与精力观察、学习、反思、交流、研讨，对于学前教育的认识存在偏差，缺少职业认同感、使命感，更无职业幸福感，教育教学水平难以提升，专业发展后劲不足。

【案例分析】

大班额存在的原因有二：

其一，由于城镇化进程的加快，城镇优质幼儿园发展的速度不能满足适龄儿童入园的需求，师资紧缺，造成幼儿园入园压力增大。大班额现象目前在县城、乡镇幼儿园普遍存在。

其二，幼儿园管理者对于如何依法办园、规范化办园、依法治园科学实施保育和教育工作认识不清，造成低层次教育、保姆化看护或"小学化"教育问题严重。大班额是制约幼儿园保教质量的重要瓶颈。如何在大班额下提高保教质量，是摆在广大县城、乡镇幼儿园面前的一道难题。

【解决策略】

S园园长在省城组织的园长培训班的学习中，与专家、一线园长、同行进行了深入的交流研讨，获得了许多宝贵而可行的经验。回到幼儿园之后她采取了以下策略：

一、了解法规，依法办园，依法治园

园长首先要学习了解法规。《幼儿园园长专业标准》中的"专业知识与方法"部分要求园长"掌握国家的教育方针和相关的法律法规，熟悉《幼儿园工作规程》《幼儿园教育指导纲要（试行）》《3—6岁儿童学习与发展指南》等学前教育的相关政策"。2013年教育部颁布了《幼儿园教职工配备标准（暂行）》《中小学幼儿园安全管理条例》，S园园长根据法律法规文件的相关要求，与上级教育行政主管部门多次沟通、告知幼儿园班额标准、人员配备标准、课程标准、安全标准等，通过与上级领导沟通、政协委员的提案与人大

代表的议案等,强烈要求在县城按照人口数量规划开设公办幼儿园,缓解入园压力。

二、科学安排一日活动,保教结合

大班额会严重影响幼儿园的保教质量。教师难以组织活动,更难以关注个别幼儿的教育,幼儿的良好习惯与规则意识难以养成,保教活动容易出现"小学化"管理倾向,即以"上课"为主要活动,因为只有这样才便于管理与看护,并避免安全事故的发生。

鉴于幼儿年龄特点与学习方式的不同,"去小学化"首先要从一日生活作息时间改变开始,落实"一日生活皆课程"的理念,科学安排一日活动。首先,将过去的一天四节课改为一天两节课,而且按照不同年龄段的时间要求开展教育活动,避免只注重集体教育活动,或让幼儿长时间进行学习活动,而忽略生活活动、户外活动、游戏活动。其次,保证每天不少于1小时的游戏活动时间,利用乡村资源,尽可能提供丰富的游戏材料,组织区域游戏与自主游戏。再次,保证每天不少于2小时的户外活动,按照《3—6岁儿童学习与发展指南》以及《学前儿童健康领域核心经验》中对不同年龄段幼儿身体动作发展、平衡、力量耐力以及器械操控能力的发展要求,组织并指导幼儿游戏,使幼儿的身体得到充分的锻炼与发展。最后,关注保育与幼儿的生活卫生习惯的养成。在一日活动安排中留足睡眠及生活活动时间,组织教师充分挖掘生活活动中的教育价值,让幼儿在生活中获得应有的发展。

三、有效利用场地,空间不闲置

室内可将小床叠放在角落,把桌椅按照需求放入各区域(语言区、美工区、科学区、益智区等),中间尽可能腾出活动场地供幼儿游戏。若教室和寝室分离,寝室里的活动床也可尽量靠边,腾出空间开辟建构区、表演区、角色扮演区等便于移动材料的区域。户外场地按照运动功能分为攀爬、大型器械、自主运动、沙水区等。楼梯间、功能部室按照功能以及年龄特点提供相应材料与活动内容，以便幼儿自主操作。细化功能部室、户外场地等公共活动场所的使用时间，规范班级各类活动的时间，盘活所有的场地与材料，让所有的空间不闲置。

四、灵活组织活动，化整为零

条件允许的幼儿园每班可多配置一名保教人员，将幼儿分为两组至三组活动。例如，A组在活动室开展区域活动，B组幼儿可到户外进行游戏，C组可在幼儿园功能部室活动，一定时间后交换活动内容与场地，这样就可以化整为零，使师幼互动机会与频率增加，教师对幼儿的观察指导也能落实。研究表明，幼儿在足够的空间、在人员密度低的环境下有较好的规则与自我约束能力，容易形成秩序感。

五、让游戏走进大自然，把区域建在大自然中

相对城市幼儿园而言，农村幼儿园虽然购买现成的室内外操作材料比较少，但却拥有丰富的自然资源。大自然中有取之不尽的材料，同时，也是天然的活动区。幼儿园可因地制宜，创设具有农村特色的区角游戏活动。S幼儿园大门口有一条小河和一片小树林，教师可将幼儿带到小河边，让他们玩土、玩沙石，做小泥人、汤圆、汽车，修城堡，做蛋糕，等等；在小树林里开设运动区，带幼儿玩老鹰抓小鸡、奔跑、打滚、捕蝴蝶，幼儿的想象力、创造力在大自然中得到了充分的发挥，同时幼儿也感受到大自然的美，身心得以健康发展。

【温馨提示】

（1）县城或乡镇中心幼儿园"小场地、大班额"的现象较为严重，在优质公办园这一现象尤为突出。园长对大班额问题的认识非常重要，必须认识到大班额是幼儿园安全的一大隐患，严重影响幼儿园正常保教秩序和师生的身心健康。

（2）园领导班子必须将研究解决大班额问题提到重要工作日程，能够提交上级领导的问题要及时汇报，不能马上解决的问题要认真研究、科学应对。应拿出具体的方案，包括如何增加班级管理人员，如何排班，如何错时、分组开展一日活动，如何安排场地使用等，只有行动起来才能够改善现状，给幼儿创造良好的环境。

难题20：如何正确理解课程游戏化与游戏化集体教学活动？

【案例再现】

前不久，笔者参与了一次集体教育活动展示与研讨。在活动中，几位执教教师能够关注儿童、尊重儿童，与儿童积极互动，以简练而精准的语言、自然而亲切的教态充分调动孩子们的积极主动性，特别是关注了游戏在集体教学中的运用。但仔细分析教育活动设计，有些活动的游戏组织恰到好处，能够指向教育目标，为实现目标服务，例如数学活动中利用猜拳游戏赢糖果，让幼儿学习运用不同方式点数数量、比较多少，初步感知守恒；而有些活动纯属"为游戏而游戏"，与教育目标毫无关系或关系不大，孩子们在活动中看似积极参与，热闹非凡，但获得了什么新知与经验、发展了什么思维与能力不得而知。在与教师的交流中，笔者问及无意义活动的原因，教师回答："现在不是关注以游戏为基本活动，提倡课程游戏化吗？幼儿的教学活动没有了游戏，会不会被认为是'小学化'呢？"

【案例分析】

上述案例中教师的行为与想法是许多教师真实的写照，认为"游戏化课程"必须要在教学中嵌入"游戏"，否则就不能称之为"游戏化"教学。甚至一些园长也将"活动中是否设计了游戏，幼儿在教学活动中是否玩得开心"作为衡量教育活动质量的重要依据。诚然，随着幼儿园课程改革的推进，"幼儿园以游戏为基本活动"、关注游戏对于儿童早期发展的价值越来越受到认同。课程游戏化是幼儿园课程正在进行的一场根本性的变革，课程不再是特指集体教学，内容也非特定的知识体系，而成为一种师生共同探索、儿童主动建构新经验的发展过程。而集体教学是幼儿园课程的组织形式之一，有其特定的价值与意义，如何有效开展游戏化的集体教学活动也是摆在广大幼教工作者面前的问题，需要我们深入思考和研究。

【解决策略】

一、学习理论，厘清"课程"与"集体教学"之间的关系

幼儿园课程是什么？幼儿园有课程吗？幼儿园的课程就是上课吗？这是诸多幼教工作者在思考却又感到模糊的问题。如前文所述，幼儿园课程从内容来看就是健康、社会、语言、科学、艺术五大领域，通俗地讲，就是将五大领域的目标、内容渗透于一日活动不同的环节和教育组织形式之中，即所谓"一日活动皆课程"。幼儿园课程之所以在很大程度上不同于其他各级各类教育的课程，是因为"在儿童早期，儿童发展的速率比任何时期都大，也因为儿童学习的能力极大地依赖于其自身的发展，因此，以幼儿为教育对象的幼儿园课程的决策应该充分考虑每个幼儿的发展水平"。幼儿园课程建设的水平直接关系到幼儿园教育质量。

集体教学不同于生活、游戏，是教师有目的、有计划地组织全班幼儿在一定时间内共同参与的活动。集体教学活动的价值在于教师能够根据幼儿发展的现状有目的地预设活动内容，使幼儿的发展走在"自然"状态之前，在"最近发展区"有准备地发展。教师的作用为引导、鹰架、示范、启发、回应，帮助幼儿实现不同领域关键能力和新经验的建构。

二、深入思考，分清"游戏"与"游戏化"的界限

儿童游戏"是指儿童运用一定的知识和语言，借助于各种物品，通过身体运动和心智活动，反映并探索周围世界的活动"。游戏是儿童自发的活动，能够给儿童带来乐趣，具有自主性、愉悦性的特点，也是儿童学习的重要方式与途径。游戏是儿童的天性，存在于一日活动之中，儿童随时、随处均可能进行游戏。

而游戏化是一种思想和意识，不一定就指具体的某一个或几个游戏贯穿于活动中。"游戏化"是一种精神态度，游戏是这种态度的具体表现形式。幼儿园课程游戏化是一种精神，是《幼儿园工作规程》和《幼儿园教育指导纲要（试行）》中提出的"幼儿园以游戏为基本活动"的重要体现，是一个系统工程。课程实施的途径有很多，所谓课程游戏化不是把幼儿园的所有活动都变为游戏，而是确保基本的游戏活动时间，同时又可以把游戏的理念、游戏的精神渗透到课程实施中。

三、实践探究，感知"游戏化"在集体教学活动中的体现

在课程建设与实施过程中，不同的学习途径有其不同的价值。生活活动、游戏活动、社会实践活动、户外活动、集体教学活动等，均要以"游戏化"的精神贯穿其中，让幼儿通过操作、实践、感知、体验促进其情感、态度、能力、认知等不同方面的发展。

在集体教学活动中，不同领域的教学有其自身的特点与规律，因为各领域的知识性质不同，幼儿的学习方式也会有所变化。[1] 在集体教学活动中，一节课的时间有限，内容也应聚焦于某领域的核心经验与重要能力，不可能面面俱到，教师必须根据这些特点来设计教学活动，才能提高教学的有效性。

---

[1] 教育部基础教育司.《幼儿园教育指导纲要（试行）》解读[M]. 南京：江苏教育出版社，2017：45.

比如，身体运动能力是通过让幼儿观察了解运动方法、自我学习、动作技能练习、感知体验等途径学习的，教育组织过程则要考虑针对性、多样性、趣味性等寓学于乐的游戏策略；而科学领域的知识大多属于程序性知识，这些知识不是靠成人的"教"来让幼儿习得或背会，而是需要幼儿自身与物体、与外部世界直接相互作用，通过活动发现变化与规律、自我建构的过程，此类活动靠轰轰烈烈、热热闹闹的"游戏"难以让孩子专注、探究和发现。如果不论什么领域、什么内容、哪个年龄段的教育对象，一味地关注是否有具体游戏活动，就会忘了我们为什么出发。

伊丽莎白·琼斯（Elizabeth Jones）和格雷琴·瑞诺兹（Gretchen Reynolds）（1992）认为："幼儿不是靠倾听学到最重要的东西，而是通过与物质和同伴的互动来建构自己的知识——他们建构的方式就是游戏。"这是对课程中的游戏的广义理解，在教师主导与幼儿主体之间找到平衡是很大的挑战。我们的目标是促进儿童的参与，从而达到认知和发展，而不是让儿童变得没有秩序或者在老师的控制下浪费时间、精力去做一些和教育目标关系不大的所谓假"游戏"。[2]

例如，大班语言活动选择阅读《来喝水吧》作为早期阅读教学活动，该绘本以精细的笔触和复杂的画面描绘了森林里一年四季来喝水的动物的丰富神情，其中隐含了数学、科学和地理的认知内容。绘本中的中文、英文、阿拉伯数字以及每一页上动物喝水的拟声词、符号的变化，对于大班幼儿感知和了解绘本的结构，欣赏绘画，观察复杂的画面、细节，想象推理与完整地表达，理解图文关系等是极有价值的。

活动中幼儿可先自主阅读、与同伴分享，然后与教师一起精读绘本，发现每一页上动物数量的变化，进行统计，开展有效提问、追问。教师与幼儿

---

[2] 格朗兰德，詹姆斯. 早期学习标准和教师专业发展[M]. 刘昊，译. 北京：北京师范大学出版社，2014：41.

共同观察符号,发现了数字代表每一页上来喝水的动物数量、汉字和英文对应画面里动物的名称、引号里的词表示动物喝水发出的声音,教师可以顺势引出"拟声词"这个概念。这些教学组织方式与积极有效的互动可以引发幼儿的学习兴趣,拓展其学习经验,可谓"游戏化教学活动"。

因此可知,游戏化教学活动是幼儿通过积极参与实践、操作、探究、互动、质疑、交流、表达、表现,主动建构新经验、发展新能力的过程,而非轰轰烈烈、热热闹闹的无目的"嬉戏"过程,这样的游戏化教学才是能够促进幼儿有效发展的"真游戏"。

【温馨提示】

教育评价的价值在于"引领、导向",所以评价者的价值取向非常重要。幼儿园管理者如果对"课程""游戏""教学"等专业理论认知不清,理念产生偏差,则无法实现"评价"的导向与引领作用,甚至会适得其反,将理念正确的教师"引入歧途"。园长作为幼儿园课程建设与管理的第一人,要树立终身学习的理念,积极增加自己的专业知识和学识,不断提升自身的专业能力和水平,做幼儿园保育和教育的行家里手,这样才能有效引领并促进教师的专业发展,以保证幼儿园保育和教育的科学、优质和先进性。自主研修与专家引领均很重要,必要时幼儿园可聘请专家开展讲座,现场诊断、研讨,厘清关键概念与问题,学习相关经验,实现教研活动的有效性。

难题21：幼儿园怎样有效地组织与举办大型活动？

【案例再现】

庆典活动是幼儿园目前普遍开展的一项大型活动，五年一小庆，十年一大庆。建园时间短的举办十年庆，建园历史悠久的举办六十年庆、七十年庆……无论建园时间长短和幼儿园的规模大小，一旦要举办庆典，园长要思考的问题都大致相同。庆典活动何时开展？将要开启哪些筹备工作？活动将要涉及哪些板块？人员如何分工？如何呈现幼儿园建园以来的光辉业绩？需要邀请哪些嘉宾？经费预算是多少？……一连串的问题摆在园长面前。

"六一儿童节"既是小朋友的节日，又是连接家长、上级相关部门以及社会宣传的重要活动，是幼儿园一年中最受重视，投入人力、物力、财力最多的一个节日。所有的幼儿园都会精心谋划，调动优势资源，发挥最大潜能。

除此之外，幼儿园的大型活动还有家长开放日、亲子运动会、故事剧场、庆祝传统节日、远足郊游、毕业典礼等。似乎每个月都有不同主题的大型活动要策划、筹备并组织开展，老师们怨声载道，疲于应付，幼儿园耗费财力人力，而有些活动却收效甚微。

【案例分析】

幼儿园教育途径多样，除了常规保教活动之外，还会组织开展一些非常规活动，如运动会、游园会、远足郊游、亲子剧场等。近年来，部分幼儿园为了扩大宣传，搞大型庆典、"六一"会演、隆重的毕业典礼，甚至不惜巨资租用专业的剧场……组织开展如此频繁、名目繁多的大型活动，而且不断地推陈出新，似乎已成为一种时尚与趋势。东京大学教授佐藤学在谈到观摩课时说："比起法国大菜来，更应该重视家常便饭。"意思是说，精心制作的法国大餐虽然好吃，但总不能天天吃；而一日三餐是天天吃的，对健康成长最重要。一日三餐、家常便饭怎么做？怎样在现有的条件下把一日三餐烹调好，是需要我们好好研究的课题。笔者以为，绝大多数大型活动并非有十分的必要性和重要性，反而要花费大量时间和精力，干扰正常的保教秩序。幼儿园只要将各种教育因素融入日常的保教工作计划中，建立必要的工作常规，使每位教师能够扎实、有序、一丝不苟地组织开展好每天的工作，让孩子能够静享"家常便饭"带来的成长和乐趣，让教师能够乐享教育成就孩子的喜悦与幸福，静心观察，静待花开，而不必每天忙于策划、筹备、组织大型活动，使正常的工作受到影响。如频繁地举办家长开放日活动、标新立异地开展一些吸引家长眼球的活动、频繁地举办大型庆祝活动等，都会与日常工作有所冲突，使教师疲于应付。

究其原因，主要是占幼儿园绝对优势比例的民办幼儿园在激烈的市场竞争中，为了不断迎合家长的需求、向社会宣传而刻意为之。当然，也有一些是由不专业的导向、盲目跟风造成的。园长应该明确：孩子的学习与发展就在每日的"寻常时刻"。因此，园长必须明确：哪些大型活动是必要的、有意义的，一定要开展好，举全园人力、物力、财力精心策划，认真筹备，有效组织；哪些大型活动是可有可无的，坚决从计划中砍掉，将大型活动对常规工作的冲击降到最低。

要想组织一场成功的大型活动，需要幼儿园园长和各岗位员工上下一条心，共同来完成。

【解决策略】

一、提出活动设想，制订活动计划

计划、组织、控制是管理的三大职能，其中计划是管理的首要职能，是管理工作之先。任何一项工作，首先要有计划，没有计划的工作不叫管理工作。因为，计划是组织协调的前提，是指挥实施的准则，是控制活动的依据。

在每个学期末讨论、酝酿下学期工作计划时，就应一并计划大型活动，提出下学期大型活动的设想，各部门负责人要明确阐述本部门活动的目的、意图、实施时间，经过行政会集体讨论、权衡后统筹安排并写进幼儿园园务工作计划中，要坚决克服和杜绝组织大型活动的随意性。

在此基础上，新学期开学宣布园务计划，学期所有大型活动的内容、形式、开展的时间一并进行清晰的说明。属于全园性的活动，保教部门负责制订活动计划（含安全预案）；属于年级组的活动，年级组长负责制订活动计划（含安全预案）。具体要求如下：

（1）根据活动的规模，提前两周或两周以上提交详细周密的活动计划和安全预案，计划要包括活动缘由、活动目标、活动时间、活动地点（集合地点）、活动准备、具体内容等（在园外开展的活动，提交计划前要确定并考察活动地点）。

（2）行政会或保教办审阅活动计划和安全预案，进行修改和完善（全园性活动计划提交行政会审议）。

（3）行政会或保教办向活动负责方反馈计划和预案修改意见，并达成共识。

（4）形成最终的活动计划和方案。

二、认真落实计划，有序组织实施

有了详细周密的活动计划，接下来就是组织实施的问题。组织实施大体可以分为以下三个环节：

（1）年级组长按照活动计划组织筹备（明确人员分工、确定小组负责人和完成时间节点）。

（2）各小组负责人根据本组的具体工作情况，组织组内的进一步分工或统一开展筹备工作，按时间节点完成本组工作。

（3）保教部门或年级组组织验收（验收时间一般要比活动开展时间提前3～5天）。

1. 解读计划

在大型活动方案确定后，一个很关键的问题是让每一位活动的组织者和参与者能够清楚地知道自己的角色以及自己所要承担的工作。因此，可利用年级组会议，由年级组长对计划进行解读，以确保教师作为活动的组织者能对活动的目的、注意事项以及自己的职责了然于心。如有必要，教师还要向家长解读活动的要求。

2. 注重宣传

班级家长对大型活动的支持程度以及参与程度，都取决于活动前教师的宣传是否有效。一般来说，我们会通过活动宣传海报、"致家长的一封信"或班级微信群等，向家长介绍活动的目的、设计意图、预期效果等。

3. 充分准备

（1）行政方面。

①按照方案要求，合理分工，明确职责，并督促各方面的落实。

②根据活动的需要安排幼儿园各部门提供必要的物质保障（如联系车辆，准备必要的食品、药品等）。

③做好各方面的协调工作。

④组织园外的大型活动，要与相关单位签订安全责任书与合同，明确责任，细化细则。

（2）教师方面。

①根据幼儿园大型活动的安排，制订本班具体的活动计划并实施计划，对班级的三位教师要做出明确的分工。

②做好幼儿的教育工作，确保每个幼儿了解活动的安排。

③根据活动的需要，做好充分的物质准备（如活动用的道具、服装、场地的布置等）。

④准备一份包括幼儿园领导、教师、保健医生、随车司机以及参与家长等相关人员电话号码的通讯录。

⑤招募家长志愿者协助搬运相关材料，做好活动的辅助工作等。

（3）幼儿方面。

让幼儿做好必要的心理准备——知道幼儿园要开展什么大型活动、了解活动的主要意义。

（4）家长方面。

①要配合活动要求对幼儿进行相关的教育。

②按照班级的相关要求进行物质准备，包括自带、自制或与同伴共同制作的物品、垃圾袋等。

4. 组织实施

（1）相关领导组织召开班长会（包括后勤班长），明确活动日期、时间、地点、人员分工和要求，强调安全要点。

（2）班级召开家长会，提出要求，明确需家长配合的主要内容，强调安全要点。

（3）在园外开展活动，要与相关单位电话沟通，最后确认有关事项，做好车辆编号，并根据每辆车的座位数做出乘车人员分配，做好随车工作人员的组织协调工作。

（4）接待单位或旅行社、幼儿园领导、班级教师、后勤保障人员和家长各司其职，各负其责，有序开展工作。

三、全面回顾总结，形成宝贵经验

1. 认真梳理

从组织环节找出该活动好的方面和不足的方面，为今后开展活动提供借鉴。对活动质量的评价应关注幼儿、家长、教师的参与程度和参与质量以及该活动对幼儿、家长、教师、幼儿园的发展的促进作用。

2. 深刻剖析

每一次大型活动都会有优点和不足，活动结束后，从班级到年级组再到行政部门，应该逐层对活动进行反思，深刻剖析活动中存在的问题，为今后的活动提供宝贵的经验和教训。

3. 提炼升华

汇总成功的大型活动案例，留存优秀成果，今后组织类似活动时可以参考或套用。

以某园举办"建园六十周年庆典活动"为例：初步确定庆典活动时间后，幼儿园提前一年时间开了第一次预备会，正式开启庆典筹备活动，要求所有行政管理人员利用暑假时间认真思考并形成自己关于庆典活动的初步方案，秋季开学后碰头研究、整合思路、形成具体方案，然后精心安排、科学分工、有序推进……用一年的时间，在不影响正常保教工作的情况下开展，完成了一本论文集、一部宣传片、一本纪念册、一个启动仪式、一场晚会、一套辅助物品（请柬、礼品券、纸杯、纸袋、引导牌、签到牌等）、一系列相关活动（征文活动、祈福卡与小书制作、书画作品筹备、笑脸照片拍摄）等，庆典活动受到了社会各界和与会来宾的一致认可和交口称赞。

【温馨提示】

（1）园长对大型活动的认识很关键，首先要确定其价值与必要性。大型活动的开展对于幼儿学习与发展的价值有多大？是否所有幼儿均有机会，还是只是部分、个别幼儿的舞台？对于家长认识和了解幼儿园的科学保教是否有引领与教育作用？对于向全社会宣传幼儿园、引导全社会认识和了解幼儿园的教育是否具有导向作用？这些都是园长在确定开展大型活动前需要深入思考的问题。

（2）任何一项大型活动都是全面考验团队领导力、凝聚力、执行力和战斗力的契机。园长要对人员分工、安全细节、活动保障亲自把关，做到心中有数。同时，一定要科学统筹，合理分工，将每一项工作分解到不同的负责人身上，并分阶段检查任务落实情况，做到授权不弃权。

难题22：当教师为课题犯难的时候，园长该如何引导？

【案例再现】

某区实验幼儿园面临示范幼儿园验收，同时也要迎接省级督导检查。按照要求，全园要有省级以上课题研究，每一个部门都要有相应的课题研究，三分之一以上的教师要有自己研究的小课题或专题。于是王园长召开行政会议，按照要求将课题研究工作布置下去，要求按时间节点倒计时完成课题的选题、申报、研究与结题任务。看到行政领导班子成员面面相觑，面露难色，园长追问："有什么困难说出来！"话音未落，后勤副园长就迫不及待地发言："我们后勤工作人员都是没有多少文化的粗人，门房安保人员、厨房炊事人员、园丁花工能做什么课题呢？卫生保健人员忙于卫生保健日常工作，也没有能力完成课题呀！"保教主任也跟着抱怨："咱们园的教师普遍学历不高，平常扎扎实实把班带好，把孩子的活动组织好就很不容易了，让他们开展课题研究，实在是勉为其难！近两年按照上级要求，也有个别骨干教师开展了小课题的研究，虽然得到了结题证书，但是更多的是参考别人、照葫芦画瓢完成的。教师压力很大，花了很多时间勉强通过，似乎也没什么收获。"

听了中层管理人员的意见之后，王园长沉思了许久……的确，自己虽然当园长已近十年，但也是老中师生，幼儿园的大部分骨干教师亦属此类，只有少数青年教师是近几年招考来的大专生和本科生，但他们的研究与实践能力尚欠缺，更别提后勤与卫生保健人员了。但是课题研究是近几年幼儿园晋升等级与教师评优晋级的硬条件，达不到就一票否决。该如何破解这个难题呢？

【案例分析】

第一，课题研究是学前教育事业发展的需求。

随着学前教育事业的改革和发展，当前我国的学前教育已进入硬件建设与内涵提升并重的发展阶段，幼儿园教科研工作日益受到园长以及广大教育工作者的关注。"学而不思则罔，思而不学则殆"，教科研的价值恰恰在于把"学"与"思"有效地结合起来，解决幼儿园保教工作中的困惑与问题。课题研究逐渐成为幼儿园教科研管理工作的重要内容并受到各方面的关注。广大幼教工作者在长期的教育工作中积累的大量实践经验急需上升到理论高度，以便更好地指导教育实践工作。

第二，课题研究更是园长与教师专业发展的需求。

《幼儿园教师专业标准（试行）》明确提出，教师应"针对保教工作中的现实需要与问题，进行探索和研究"。《幼儿园园长专业标准》也进一步提出，园长应构建教研训一体的机制，注重学习型组织建设，使幼儿园成为园长、教师、家长与幼儿共同成长的家园。各地区的幼儿园等级验收标准、双高双普与督导标准、教师评优晋级等方面的考核均应将教育科研能力作为重要条件之一。事实上，教育科研意识与能力对于教师的专业成长有着至关重要的作用，参与教育科研是提高教师素质，推动教师由"经验型"教师向"反思型""专家型"教师转变的重要途径。

第三，幼儿园课题研究需要动力、能力与质量。

目前绝大多数幼儿园的教师队伍现状与上述幼儿园相仿甚至不及，教师对课题研究积极性不高，缺乏问题意识与主动研究的精神，"任务式"完成研究资料的积累，形式主义严重、功利性强，缺乏真正的热爱以及独立思考和尝试解决问题的态度与能力。没有课题研究的经验，缺少专业的指导与支持，教师忙于工作、缺少广泛学习与深入思考的时间，导致幼儿园课题研究经验不足、质量不高。

【解决策略】

一、认同课题研究的价值

王园长组织中层领导与教师召开课题申报动员准备会,先请教师们谈了对课题的认识与困惑,然后与他们分享了身边的典型案例:某某园教研主任、骨干教师几年来沉下心来研究不同领域的课题,并将之与日常教育管理、教学引领融为一体,总结提炼出经验,解决了教师对领域核心经验认识不足、在一日活动中无法渗透和实现目标的难题,课题成果得到了极好的推广,引领了一批教师的成长。

骨干教师参与或独立完成小课题,运用课题研究解决保教实践中的问题或困惑,有助于使教师明晰教科研对于幼儿园内涵发展、教师专业发展以及提升保教质量的价值与作用,从而让课题研究成为一线教师自觉自发的行为,摒弃其功利性,形成研究的内需力。在这种价值观下,教师才能自觉地将一切日常活动与课题研究结合起来,研究不是额外的、孤立的行为,而是将教育行为系统化、体系化。园长应让教师感到课题研究既不神圣又不神秘。教师研究的课题应该是自己在保教过程中遇到的真实问题,是自己有兴趣去研究的、与改进和提升自己的教学实践相关的、需要以课题形式深入开展研究的真问题。具体落实到不同部门都有可研究的内容,如后勤部门的"创设符合幼儿需求的户外课程环境研究""幼儿园体质特殊儿童家园共育的实践研究""提升保育员保教实践能力的行动研究"等都是极有价值的研究课题。

二、教会课题研究的方法

幼儿园教师的文化层次与学历有一定的局限,开展的课题研究不同于专业研究人员。高校教师及专业研究人员更多的是进行理论创新研究,而一线幼儿园教师更多的是进行保教实践研究,意在升华经验或将成果转化为教育实践,二者有不同的取向。以往的研究中,许多教师都是摸着石头过河,不清楚为什么而研究、想解决什么问题、如何解决、结果如何，无法通过严格的研究升华问题或提炼经验，因此聘请专家指导教师提升教科研能力非常有必要。专家的指导涉及如下内容：选题，分析研究背景，收集寻找文献资料，确立研究目标、研究内容，选择适宜的研究方法，制定研究方案，实施研究过程，留取有价值的过程性资料，分析整理资料，呈现结题成果，撰写研究报告以及相关论文等。为了让教师从理论走向实践，王园长聘请高校专家、教研员对教职工进行了多种模式的相关培训，有专题性的，有案例分析式的，也有针对性的具体指导。通过研究方法的培训，教师对课题研究有了系统的了解，开始走上科学研究的道路。

三、从带着做课题到独立研究课题

有了开展课题研究的初步想法，王园长积极与高校教授及教研员联系，表示愿意参与专家们的课题研究。比如，区教研员在申报"某地区幼儿早期阅读现状调查研究"的省级规划课题时，将实验幼儿园纳入其中，王园长、保教主任、年级组长、班主任均为课题组成员。从课题开题论证到相关问题的前测阶段，召开了几次课题培训会，课题负责人向参与人员解释了量表使用方法、观察与记录方法；课题实施过程中开展了各项相关活动和研究，如观察、访谈、案例分析等，而且在过程性资料的收集、课题中期汇报与小结、相关问题的后测以及数据的收集整理与分析、结题报告的撰写等方面，课题组成员均有不同的分工与参与。通过参与专家的课题，大家对课题研究有了感性的认识，积累了研究经验，产生了研究兴趣。在教研员和王园长的鼓励与指导下，教师们纷纷申报各级规划课题与小课题，逐步形成了思考与行动的自觉性，研究成了大家工作的一部分。保教部门围绕课题研究方案的内容和方法来组织人员，安排课题研究活动，组织课题组开展课题实践、交流、研讨活动，并向上级教科研部门汇报课题的研究进展及困惑，再次聘请专家入园指导，为教师们答疑解惑，以提高课题研究的质量。

四、从搭建研究平台到推广研究成果

教师们有了课题研究的氛围与热情后，幼儿园还需为教师搭建平台、铺好通道，建立幼儿园教科研管理的相关制度与激励措施，让教师了解不同部门课题申报的途径与时间节点，下载各自的课题申报书与课题指南，并明晰课题要求，鼓励教师积极申报。首先，自上而下有不同层级课题：部级（教育部、中国教育科学研究院、中央电化教育馆）、省级（省教育科学研究院、社会科学院、省教育厅）、市级［市教育局、教育科学研究所（院）、社会科学院］、区级（区教育局、教研室）课题。其次，有不同类别的课题，分为重大招标课题、重点攻关课题、一般规划课题、小（微）课题等。再次，对于非官方课题，如各类学术团体或民间组织的课题，各级教育学会、研究会课题，幼儿园可根据《课题指南》与自身研究的方向、内容寻找契合点，量力而行，从感兴趣、熟悉的内容着手，从一般课题、容易立项的小课题开始申报，积累研究经验，有一定的研究能力与实力之后可以尝试申报重点与招标课题。

同时，幼儿园十分注重课题成果的积累与转化，鼓励教师将优秀的论文投稿发表或参与评优，王园长亲自主持课题成果汇报会。教师们在成果分享与汇报中展示了研究的过程与结晶，如"新生入园焦虑表现、原因及对策研究""小班幼儿生活自理能力培养的实践研究""大班幼儿建构区的指导策略研究"等，这些小课题的研究成果在幼儿园得到推广与运用。王园长每年都会将课题研究成果结集成册，分发给全园教师共享，同时也将课题研究成果作为量化考核的重要指标之一，奖励能够静下心来思考和研究的教师。此活动不但激发了教师进行课题研究的热情，而且充实和丰富了课题研究的内容，增强了教师的自信心，教师们形成了良好的教科研态度和研究风气。

【温馨提示】

（1）幼儿园课题研究的开展离不开高水平的科研管理。首先，园长对课题研究要有正确的认识，摒弃功利主义。其次，园长要鼓励教师参与课题研究，激发他们的研究意识与兴趣很关键，要使其成为教师的一种自觉。教师的学习态度与科研意识不但有利于推进教育科研规范化、提升教育科研质量，也有利于提高教师的专业化水平，进一步提高办园质量。

（2）课题研究要重实效，多鼓励。幼儿园营造求真务实、重实效的研究氛围很重要，园长与管理人员要以身作则，以认真严谨的研究态度影响教师，还要通过建立合理的规章制度和良好的人际氛围来促进每个教师的发展。对教师的失败要能理解和宽容，对其点滴的成功则应及时鼓励，这种内外结合的激励机制会使教师的职业情感增强，使教育研究成为教师的自我需求，从而进入主动发展、自我提高的良性循环。

难题23：幼儿园要办出特色，园长该如何作为？

【案例再现】

最近，某区为了进一步贯彻落实《幼儿园教育指导纲要（试行）》的精神，全面推进幼儿素质教育，丰富办园内涵，提升办园品位和办园水平，打造一批具有独特风貌的幼儿园，对辖区内所有幼儿园提出"一园一特色、一园一品位"的目标要求。这项要求对于绝大多数园长来讲都是一个不小的难题。

曹园长是一所民办幼儿园的园长，早在开园之际，为了吸引生源、扩大招生宣传力度，迎合家长"望子成龙、望女成凤"的夙愿，就开设了珠心算、英语、轮滑、舞蹈、少儿美术等艺术特长课程，部分家长认为有特色总比没特色好，孩子上了这些有特色的幼儿园更容易成为小艺术家、小科学家、小主持人……面对上级部门提出的"办特色"幼儿园的要求，曹园长举棋不定，自己的幼儿园到底该如何定位"特色"与"文化"呢？她甚至联系了一家"文化"公司，花巨资为幼儿园"制作"了一本厚厚的、装帧精美的《园所特色与文化》手册，同时开办了若干个艺术团，涉及架子鼓、儿童吉他、舞蹈、合唱……将幼儿园定位为"艺术特色"幼儿园。

【案例分析】

近年来，随着适龄儿童以及毛入园率的增加，学前教育发展迅猛，幼儿园格局也发生了显著的变化，民办幼儿园的数量增长迅速。部分民办幼儿园依然存在生源竞争的问题，在许多地区可以看到各种打着"特色教育"招牌的幼儿园——钢琴艺术幼儿园、舞蹈艺术幼儿园、小画家幼儿园、双语幼儿园、蒙台梭利幼儿园、科技幼儿园、珠心算幼儿园、京剧艺术幼儿园、国学文化幼儿园，等等，这样的幼儿园对于家长来说确实比较有"吸引力"，不过同时也颇有点儿"乱花渐欲迷人眼"的意思。

当前，幼儿教育课程改革不断深入，部分地区的主管部门甚至提出"一园一特色、一园一品位"的目标要求。如何沉淀自身的文化、凝练办园特色成为困扰许多园长的"难题"。类似于曹园长的幼儿园的案例非常多，许多幼儿园"寻找"自己的"特色"，于是，一夜之间艺术特色幼儿园、体育特色幼儿园、绘本特色幼儿园、戏剧特色幼儿园比比皆是。幼儿园特色不是几位班子成员坐在办公室里突发奇想就能"寻思"出来的，更不是"打造"或"包装"出来的。我们经常可以看到一些基础、师资、环境等条件都不具备的幼儿园，仿效示范园或一些优质幼儿园的办园"特色"，总感觉有点儿不伦不类。

【解决策略】

一、园长是幼儿园发展的规划者和办园方向的引领者

《幼儿园园长专业标准》明确指出，园长应是幼儿园发展的规划者，把"规划幼儿园发展"作为首要的专业职责，"把握幼儿园发展现状，分析幼儿园发展面临的问题和挑战，形成幼儿园发展的思路"；"组织专家、教职工、家长、社区人士等多方力量参与制定幼儿园发展规划"。幼儿园发展规划的科学制定与有效实施既是传承和积累办园经验的过程，又是凝练幼儿园办园特色的过程。在创建特色前，幼儿园必须召集相关人员认真分析园所的历史、文化、现状、服务对象、办学需求、特有资源等问题，这是每所幼儿园的"必修课"，更是每位园长必须静下心来认真思考的问题。

二、厘清概念，正确看待"特色"

特色是某一事物区别于其他事物的独特标志或行为方式。办园特色是一所幼儿园表现出的与众不同的色彩和风格，具有稳定性和独特性。江苏省教育评估院认为："办园特色是在长期办园过程中积淀形成的、本园特有的、优于其他幼儿园的独特优质风貌。特色应当对支撑办园目标、优化幼儿培养、提高保育和教育质量起到重要作用。特色有一定的稳定性并应在园内外得到公认，产生一定的影响。"

幼儿教育的意义在于为孩子一生的发展打好底色、奠定基础。办园特色应具有三个属性：

第一，特色的出发点和归宿点应该是以人为本。以孩子的发展为本，以教师的发展为本，以家长的发展为本。

第二，要处理好特色与全面的关系。幼儿园教育的内容应该是全面的、启蒙的、基础的，即幼儿园保育和教育的主要目标是促进幼儿体智德美诸方面的发展。这就需要我们在尊重幼儿的人格和权利、尊重幼儿身心发展的规律和学习特点的基础上，为幼儿提供健康、丰富的生活和活动环境，满足他们多方面发展的需要，使他们在快乐的童年生活中获得有益于身心发展的经验，促进每个幼儿富有个性的发展。

第三，特色具有独特性、稳定性和成功性。首先，特色是具有一定文化属性的长期形成的办园风格，不是口号或形式，发展特色的根本目的就是提高办园质量，促进幼儿的全面发展。其次，特色是在一定价值观的影响下，通过长期教育实践，遵循教育规律，发挥本园优势和传统，逐步形成的特有的、成功的、优质的特点与风格，包括办园思路、内部管理、课程内容及模式、运行机制等特色的传承与创新。

三、"特色教育"不能等同于"特色课程"

幼儿园特色教育是指幼儿园依年龄特征与现实状况、环境，在全面发展的基础上制定出符合目的、条件与需求的，区别一般幼教模式的培养方案并付诸实施。特色教育应该是有特色的、全面和谐发展的教育。而特色课程往往是幼儿园根据园所发展、幼儿家长的需求等开设的，不同于其他幼儿园的、具有独特性的课程。中华女子学院学前教育系李辉、吴云霞撰写的文章《当前我国特色幼儿园发展中出现的几个问题》指出了特色幼儿园的几个弊端：一是功利主义，追求经济效益和短期教学效果；二是本末倒置，影响正常教学秩序；三是言过其实，没有真东西。如，某些幼儿园对蒙台梭利教育法、瑞吉欧教育理念的理解很不到位，更缺少符合资质的管理人员和教师，仅凭某些"教具"或一套"教材"即挂起"蒙台梭利幼儿园""瑞吉欧幼儿园"或"××艺术幼儿园"的牌子，抑或宣称"××课程实验基地""××特色园所"等，这类幼儿园教育既没有特色课程，更称不上特色教育。

四、努力彰显办园特色

1. 加强研究，寻找根基

创建办园特色没有固定的模式可循，但幼儿园一定要有自己独特的个性、有自己鲜明的特征，需要分析现状，寻找自身的根基。比如：A保育院的前身是延安保育院，最大的特色是红色历史文化，幼儿园教育弘扬红色文化，保教工作扎实细致。B民族幼儿园地处民族聚集地，少数民族儿童居多，则侧重于发展民族文化融合的教育，形成多元文化认同的教育特色。C民办幼儿园为近年开办的小区配套幼儿园，青年教师居多，幼儿园开展以"爱"为核心的教育，爱孩子、爱家长、爱同事、爱自然、爱周围的一切……并且不断调整办园特色中的偏差，最终确定以"健康为核心"的办园特色，培养目标为"身心健康和谐发展的现代中国人"，在一日活动中体现为：科学合理的营养膳食的搭配，良好生活卫生习惯的养成，自我保护意识的增强，身体运动能力与器械操控能力的发展，心理情绪的调控以及家庭中的健康教育。各类课程不断丰富与完善，使健康教育成为支持儿童发展的综合系统，特色教育课程逐步走上科学化、规范化的发展道路。几年的检测结果显示，此园幼儿的生长及身体动作、身心发展明显优于周围的其他幼儿园，得到家长的一致认可。

2. 利用环境，挖掘课程资源

环境是重要的教育资源与课程资源，分为精神环境和物质环境。丰富优美的自然环境是幼儿园宝贵的课程资源。法国教育家卢梭认为："大自然就是最好的老师。"我国教育家陈鹤琴先生倡导"大自然、大社会就是活教材"。日本教育家小林宗作先生希望孩子们尽可能保持自然的性格，"不要把孩子束缚在老师的计划中"。遵循幼儿的发展特点与学习规律，挖掘地域资源、民族文化、本土特色以及其他课程资源，成为课程改革的趋势。如：A高校附属幼儿园已有60多年的历史，历任园长发扬高校传统文化，形成书香校园，使阅读成为幼儿、家长、教师共同的习惯与爱好。B高校附属园利用高校科研优势，带领幼儿参观科学实验室，请院士、科学家等不同研究领域专家进课堂为孩子们带去精彩的科学实验与讲座，家长为幼儿园科学发现室以及班级活动室带去自制的科学实验模型、材料，亲自给孩子们进行讲解、演示，弥补了教师科学素养不足的问题，幼儿园也逐步形成了科学特色课程。C幼儿园附属于某三甲医院，利用家长资源优势以及在此方面的研究成果，形成卫生保健、儿童身心发展、营养膳食等保育特色。

【温馨提示】

（1）对"特色"的正确认识和理论基础学习很重要，园长必须学习理论、收集资料，才能正确理解"特色"的含义，正确把握幼儿园发展的方向，梳理本园发展的基本方略，凝练出真正的"特色"，否则很容易"跑偏"，搞成"特长教育或训练"。

（2）创建特色过程中需要"专家引领"，聘请接地气的"专家"或有经验的"同行"帮助把脉诊断，分析幼儿园现状特点，了解服务对象对幼儿园的办学需求，扬长避短，用好资源，设计出"特色"发展的路径与方法。也可以学习同行，借鉴与本园情况、背景相似的成功者，分析本园优势，提出新方案，逐步稳定、完善，进而形成园本特色。

（3）注意特色的稳定性，不能朝令夕改，"跟风追时尚"。特色教育不是总目标之外的教育，应把特色发展与幼儿园总目标结合起来考虑，把幼儿园应该进行的某些教育内容和教育形式的功能加以突出和放大，使幼儿在某些方面发展得更好。

难题24：幼儿园到底需要什么样的环境？

【案例再现】

案例一：每年开学初，让教师们头疼的事情就是班级环境创设。幼儿园将班级环境创设作为评价教师工作能力的一个指标，必须在规定时间内完成，指定日期进行全园评比。评比前每个班的教师都对自己的"杰作"保密，到了评比之日全园教师才将所有的作品上墙。从打扫卫生到主题墙、家园共育栏、区域及材料，三位教师一手包办，起早贪黑几个日夜，主题构思、勾画、剪贴、制作、上墙，所有的内容都要在幼儿到园之前完成。为了保证"作品""美观、漂亮、精致"，教师几乎很少让幼儿参与。学期中，如果幼儿园不再安排环境创设比赛，班上的环境可能一直不会变化。

案例二：某幼儿园将要迎接示范幼儿园验收，新标准指出："幼儿园要开辟开放式、贴近自然、环保安全、铺有不同路面的活动场地……"前些年才按照"幼儿园户外活动场地要软化，不能有裸露的地面……"的要求给所有的户外活动场地铺设了人造草坪，这次为了达标，幼儿园又专门将一块长50米、宽1.5米的地面改造成木桩、土地、石子路、草坪相间的路面。园长松了一口气："按照要求设计了各种地面，现在达标了。"

案例三：最近，教育局要求幼儿园关注文化建设，环境创设要能体现幼儿园特有的物质文化。张园长发动教师"设计"幼儿园的"环境文化"，从进门的大厅、一楼至三楼分别创设了民俗文化、海洋文化、太空文化……每遇上级、同行参观交流，就专门委派一名年轻教师"讲解"幼儿园的不同"文化"。

案例四：幼儿园迎接专家指导及视察，领导及专家对幼儿园四季有花、品种繁多的花园以及蔬菜品种丰富的菜园产生了浓厚的兴趣并大加赞许。园长谦虚地解释说:"我们派了专人管理并精心打理,才有今天的面貌。"

案例五:某中心幼儿园为了迎接等级验收,在上级的支持下投入近百万元资金装修活动室、购置区域活动材料,还专门聘请了支援团队打造班级区域,班级环境创设材料丰富、区域多样。在验收当天,专家组的王园长发现:科学发现室里有许多材料孩子都不会操作,教师也不知材料的操作方法与价值何在;班级活动室中的幼儿蹑手蹑脚,不敢随便乱动操作材料;与孩子交流时,孩子们总是先瞅一眼班上的老师再说话;积木区即将竣工的"塔楼"前蹲着一名幼儿,他手拿积木小心翼翼的,不敢往顶上搭……

【案例分析】

幼儿园环境越来越被重视,已成为课程的重要组成部分。环境教育在开发幼儿的智能、促进幼儿的个性和谐发展方面发挥着独特的作用,已经成为当今幼儿教育改革的一个重要趋向,也是各级各类幼儿园评估标准中的重要指标之一。但管理者或教师如果对环境的价值没有全面而深刻的认识,就会出现上述案例中的问题,如:

(1)过分关注环境的美观性,忽略其教育价值,导致教师承揽了所有的环境创设工作,儿童只是欣赏者,而没有成为课程的一部分。

(2)只关注各类评估"标准"的要求,而忽略为什么会提出这样的标准,这些要求对于儿童发展的价值何在。如,案例二中,不同地面的设置对于儿童发展的价值何在?案例四中,花园和菜园可以给孩子们带来哪些认知、欣赏、体验、劳动的机会?教师可以组织哪些不同类型的活动?

(3)过分关注形式或结果,而忽略了在过程中孩子如何探究与发展。如,案例五中的教师总是担心孩子把建构区搭好的建筑破坏了,而没有给儿童充分感知、合作、探究的机会,教师更无从研究儿童在建构过程中的认知、思维与合作的学习过程。

【解决策略】

瑞吉欧教育特别强调环境的价值,认为"环境是孩子的第三任教师"。如何让环境发挥更多的作用,为儿童创造良好的物质环境与心理环境,使儿童与环境和材料互动,成为环境的主人,获得知识、经验、技能,成为健康、活泼、兴趣爱好广泛、具有良好行为习惯的现代儿童,是学前教育工作者应关注的问题。幼儿园到底需要什么样的环境呢?

一、孩子需要充满爱、宽松、尊重、平等、自由的精神环境

幼儿园精神环境对幼儿的成长至关重要。幼儿园是一个充满爱的地方,保教人员与幼儿之间有爱,幼儿与同伴、自然、动物之间有爱,孩子们在充满爱意的环境中成长,自然就会用"爱"回应周围的一切。幼儿园还应该营造一种尊重、平等的心理氛围,正如《幼儿园教育指导纲要(试行)》指出的,"教师在教育过程中应成为幼儿学习活动的支持者、合作者、引导者",而非纪律的维持者、安全的看护者与矛盾的调解者。尊重儿童、儿童视角应该融入师幼的每一次互动与对话之中,并且成为幼儿园的一种文化,随时随地、自然而然地发生。因此,我们提倡在幼儿园里"蹲下来交流",不仅仅指身体重心下移,更重要的是能够从内心给予儿童充分的了解、平等、尊重与自由。孩子的行为若建立在"看教师眼色"上,再"高大上"的环境对幼儿来讲都无济于事,甚至是一种心灵的桎梏。

二、孩子需要适宜而真实、可自主生活的物质环境

华东师范大学李生兰教授(2002)指出:"学前教育机构是儿童初次离开父母而独立生活的地方,应为儿童提供一个安全的、有教育意义的、社会化

的环境，使儿童能自然地离开家庭，自信地在学前教育机构中学习。"这种"安全的、有教育意义的、社会化的环境"是"以儿童为本"的环境，是按照儿童生活和发展的需要来设置的。儿童并不需要豪华的幼儿园，而是需要温馨、快乐、自由和可以学习创造的乐园。班级活动室的创设应该像"家"一样温暖，便于生活。一日生活的组织与实施则应符合幼儿学习与发展的特点，使幼儿在一日生活中学会生活自理、有规律地作息，学会与同伴相处、按照规则行动。幼儿和教师、同伴共同生活在这个空间里，更容易获得教师的鼓励、支持和帮助，更容易与同伴产生交流、共同游戏的兴趣，从而逐步摆脱对家庭的依恋，学会与外界沟通和合作。

三、孩子需要贴近自然、可玩耍体验的户外环境

幼儿天生好奇、好动、好问、好模仿、好探索，这些是与生俱来的宝贵的学习品质。陈鹤琴先生告诉我们：大自然就是活教材。幼儿园里四季有花、动植物种类繁多，孩子们观察植物，逗鸟捉虫，捡拾树叶……其乐无穷。幼儿园的环境要成为幼儿活动的一部分，而不是专人打理、仅供"观赏"的。

幼儿园设有草地、鹅卵石、沙池、大木桩和各种生活用具或自然物。不同年龄的儿童可经常到这里玩，凭自己的丰富想象去创造、组合、变换、移动各种材料，丰富和积累各种经验，满足自己在身体运动、认知建构、交往合作等身心和智能发展方面的需要，享受阳光和空气下的快乐，实现在游戏中创造和自我发展的价值。各类标准要求幼儿园创设各种不同的地面供儿童探索、游戏与体验，地面必须足够大，教师要鼓励儿童经常使用。幼儿园所有的环境都是孩子的环境，并非给成人或"外人"观看与欣赏的。

四、孩子需要融于目标、可操作探究的课程环境

在班级环境创设与幼儿园课程之间建立联系，使幼儿在"有准备"的环境中生活，与"人和物"互动，他们才能根据自己的经验建构知识。例如：

指向幼儿听说读写的语言发展环境，指向幼儿欣赏美、表现美、创造美的艺术环境，指向科学探究与动手能力的科学探索环境，指向人际交往与社会关系的角色扮演环境，指向空间方位、想象创造、理解数量关系以及协商合作能力的建构环境，等等。这些环境是反映社会生活的，在其中可模拟具体社会活动、操作活动，但它又与真实的社会生活不完全相同，其中渗透了教师的教育目的以及教师有意识的选择。同时这些环境又引发儿童多感官的参与，幼儿通过动手、动口、动脑，亲自与环境互动，从中得到经验，获得发展，其中既有知识、经验的丰富，同时也有情感、技能的发展。最重要的是，儿童可以自主、自由地选择游戏。若环境创设只停留在美化环境的层面上或者是为了某种目的而设置，则环境失去了教育的功能和价值。

【温馨提示】

正确认识环境的作用是前提，认识决定方向与高度。园长学习并了解相关政策、文件以及先进理念与课程中关于环境的论述很重要，这样才能把握好方向，做到"知其然，亦知其所以然"。

政策链接：

（1）《幼儿园工作规程（修订稿）》指出："幼儿园应当将环境作为重要的教育资源，合理利用室内外环境，创设开放的、多样的区域活动空间，提供适合幼儿年龄特点的丰富的玩具、操作材料和幼儿读物，支持幼儿自主选择和主动学习，激发幼儿学习的兴趣与探究的愿望。""幼儿园应当有与其规模相适应的户外活动场地，配备必要的游戏和体育活动设施，创造条件开辟沙地、水池、种植园地等，并根据幼儿活动的需要绿化、美化园地。"

（2）《幼儿园教育指导纲要（试行）》指出："七、环境是重要的教育资源，应通过创设和有效地利用环境影响幼儿。

（一）幼儿园的空间、设施、活动材料和常规要求应有利于引发幼儿的主动探索与同伴交往。

（二）教师的态度和管理方式应有助于形成安全、温馨的心理环境；言行举止应成为幼儿学习的良好榜样。

（三）社区环境应被视为可以利用的教育资源，应引导幼儿实际参与社会生活，丰富生活经验。"

（3）在瑞吉欧教育体系中，环境是第三任教师。环境是课程设计与实施的要素，环境引发、生成新的课程主题，并引导活动不断深入开展；空间的设计倾向于将所有与教育有关的事物结合起来。瑞吉欧强调幼儿园中不能有一处无用的空间，要尽可能发挥有用空间的作用。大到活动室、橱窗，小到走廊、拐角，只要是与主题活动相关的环境，教师和幼儿都要一起布置。因此，墙角、走廊和角落都是教室空间的延伸。孩子们走到哪里，哪里就成为激发他们潜力的资源。于是，环境便能引发、生成新的课程主题，同时引导活动不断深入开展。在每个活动中或每个活动后，教师和幼儿都要一起将活动内容以照片、文字、图画等多种形式呈现，以此帮助幼儿梳理、积累在活动中获得的相关经验。

难题25：幼儿园的观摩教学活动缺乏实效怎么办？

【案例再现】

庞园长的幼儿园每学期都要举办一次全体教师观摩教学活动比赛，一般安排在学期中。全园教师都必须参与评比，近50位教师，轮一遍两周时间就过去了。这学期的比赛已经结束，老师们刚如释重负，继而又陷入紧张的情绪中，因为紧接着就该评优了。幼儿园每次都会按照20%～30%的比例评出一、二、三等奖，然后再给予现金奖励。大家就在惴惴不安中相互观望，看最终花落谁家。

庞园长在餐厅里听到心直口快的小李老师发表议论："我看观摩比赛越来越没意思了。你看×××平时一点儿都不卖力气，但是人家对待观摩比赛比谁都上心，所以光凭一节课就拿到那样的奖励。这样挺不公平的。"

坐在小李对面的大张老师这次得了个三等奖。她说道："观摩就是观摩啊，如果平时专业能力不强，观摩也拿不出好课的。"

庞园长觉得她们俩说的都有道理。但是如何解决这个矛盾呢？

【案例分析】

《学记》中说"相观而善之谓摩"，一语道破"观摩"的价值与意义。幼儿园要提升教师的教学能力，观摩教学活动自然是必不可少的。因为观摩教学活动是教师之间探讨教学规律、评价或推广教学经验、研究改革教学内容和方法、开展教学研究活动的最好的教学组织形式，也是教师的一项经常性的、必不可少的职责与任务。经常开展观摩教学活动有利于教师之间相互学习，取长补短，共同提高，更有利于青年教师学习优秀教师的先进教学经验，促进自身专业成长。

许多幼儿园也同庞园长的幼儿园一样，高度重视教学竞赛及观摩活动的开展，并以一定的奖励机制来鼓励并支持教师的专业发展。但是在餐厅里"旁听"到教师对观摩教学活动如此议论，作为园长必须得有所反思：模式常年不变的观摩教学活动以及现行的考核办法，在促进教师的专业成长方面到底有没有充分发挥作用？

【解决策略】

一、质疑问难，积极讨论

庞园长把保教办的几个人召集在一起，如实叙述了餐厅里两位教师的议论。她表示，召集大家来就是要一起思考，找到解决这一问题的良方，就算没有结果，也希望能撞出点火花来。

她又提议说："我们一直在工作中倡导团队合作的理念，让大家形成合力，这种理念可否运用到这样的比赛中呢？"

保教副主任说："一学期一次的观摩比赛就应该彰显个人能力，我觉得在这样的比赛中无所谓团队不团队的，大家都好了，那咱们的团队合力不就增强了吗？"

保教主任说："那可否以班级为单位，若班级三人的总分高，则再给班级奖励。"

又有人说："也可以以年级为单位，不过评那么多的奖，要发出去多少奖金啊？"

二、化整为零，智慧解决

庞园长说："我昨天就开始思考这个问题了，咱们可以以年级组为单位，打破一学期一次全校观摩教学活动比赛的常规，'化整为零'，实行'月推课'的形式，把比赛分解到每个月进行。"

大家听后不太明白，庞园长又做了解释：

（1）将教师们纳入所在年级组，年级教研组长协调各班主任将每位教师"匀"到每学期的每个月中，每位教师学期内只在某个月展示1次教学活动。这样就拉长了开展观摩教学活动比赛的周期。

（2）每次活动都必须在当月主题教学的范围内，按照正常教学活动开展的顺序进行，教师不可随便调整或预留课程，以免影响或冲乱正常的教学秩序。

（3）各年级教研组长必须在长达一学期的观摩教学活动中充分发挥指导作用，每一次活动都应反复研磨，可在同年级组其他班级先借班教学，不断尝试，积累经验，然后在正式展示的时候以精品课程的形式呈现。反思总结仍然按照之前的方式进行。

（4）观摩教学活动展示时，每班留下2人开展班级活动，另1人必须按时观摩听课。所有听课的教师和保教、教研管理人员均参与打分评比，学期内所有观摩教学活动的评价标准一致。保教室即时记录分数，学期末统一评比，管理人员及教研组长打分占比为60%，教师打分占比40%，评选出一、二、三等奖，可另设多个鼓励奖。

（5）最终以年级组为单位，计算出年级总分，按照鼓励奖的奖励标准颁发年级优胜奖，个人即使分值不高，仍可获得年级优胜奖。

庞园长一口气说完，大家兴奋起来，纷纷发表意见。这个说："还是园长厉害，考虑得这么缜密！"那个说："这样的形式确实提升了团队意识，而且避免了每学期连续两周集中听课的紧张。"有人说："老师准备起来也充分，又多了打磨的时间,大家的进步会更快。"也有人说:"还增加了鼓励奖和年级优胜奖,奖励多了当然好啊,大家的劲头会更足!"

三、切理会心,卓有成效

一周一次的保教例会上,教师们听到了关于观摩比赛的改革措施。对多年来一成不变的观摩比赛模式进行大调整,大家没有反应是不可能的。有的教师说:"这样操作,我觉得比以前公平多了。"几个年级教研组长更是跃跃欲试。

庞园长的举措确实在实际工作中发挥了作用,使团队成员释放出了强大的能量。教师们从一开始就认真对待比赛,刻苦练习,尤其是年轻教师,通过这样的比赛形式建立起了自我学习的长效机制,成长得非常快。庞园长看到教师教育教学能力的大幅度提升,感到十分欣慰。

【温馨提示】

以团队(年级组)为单位进行观摩教学活动比赛,大家的目标简单而明确——使本团队(年级组)获胜。教研组长需要协调并负责所在年级组所有成员的活动实践,包括屡次尝试、借班教学、经验总结等。在同一个年级组里,大家共同承担责任,共享荣辱,在长期的学习、磨合、调整和创新的过程中,也一定会形成主动、高效、合作且有创造力的团体,这样,自然就为幼儿园这个大团队加了分,团队凝聚力也随之大增,这样的做法事半功倍。

第三章

做个会引领、善育人的园长

在管理中,"人"是最重要的也最难以驾驭的因素,"以人为本""以和为贵""扬长避短"是管理人的原则。"引领教师成长"是园长专业职责之一,教师是幼儿园发展的源泉,青年教师更是幼儿园发展的新生力量,对教师的培养则是幼儿园管理的重要内容。实践中,"人"的问题各不相同:男教师问题、新手教师问题、转岗教师问题、教师职业倦怠问题、爱岗敬业与职业认同问题……都是摆在园长面前的真问题。

本章案例中的问题也许不能涵盖"人"的管理中的所有问题,"解决策略"亦不尽善尽美,只是抛砖引玉,给读者点亮智慧的火花。"识才、爱才、重才"是幼儿园管理工作的原则。识才就是要全面了解每一位教师,有针对性地培养人才;爱才就是为每一位教师搭建展示的舞台,并根据他们的层次进行培养;重才就是赋予有能力的教师重任以促进其成长。在管理中,园长虽不可能样样精通,但一定要具备知人善任的能力与气魄,掌握科学用人的艺术。

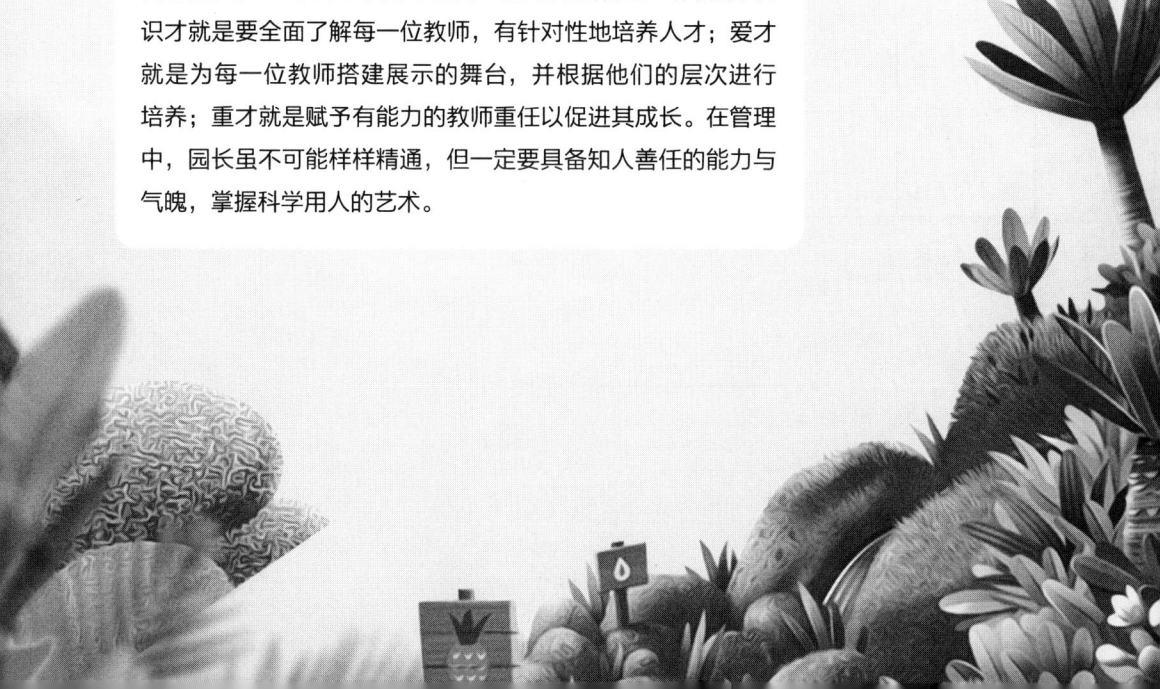

附:《幼儿园园长专业标准》园长专业职责之"引领教师成长"

专业职责		专业要求
四、引领教师成长	专业理解与认识	31. 尊重、信任、团结和赏识每一位保教人员，促进保教人员的团结合作。 32. 重视园长在教师专业发展过程中的引领作用，积极创设条件，激励教师的专业发展。 33. 具有明确的建立教师专业发展共同体的意识。
	专业知识与方法	34. 把握保教人员的职业素养要求，明确幼儿园教师的权利和义务。 35. 熟悉幼儿园教师专业发展各阶段的规律和特点，掌握指导教师开展保育教育实践与研究的方法。 36. 掌握园本教研、合作学习等学习型组织建设的方法以及激励教师主动发展的策略。
	专业能力与行为	37. 了解教师专业发展的需求，鼓励支持教师积极参加在职能力提升培训，为教师创造并提供专业发展的条件和环境。 38. 建立健全教师专业发展激励和评价制度，构建教研训一体的机制，落实每位教师五年一周期不少于360学时的培训要求。 39. 培养优良的师德师风，落实教师职业道德规范要求和违反职业道德行为处理办法，引导支持教师坚定理想信念、提高道德情操、掌握扎实学识、秉持仁爱之心，不断提升教师的精神境界。增强保教人员法治意识，严禁歧视、虐待、体罚和变相体罚等损害幼儿身心健康的行为。 40. 维护和保障教职工合法权益和待遇，关爱教职工身心健康，建立优教优酬的激励制度。

难题26：幼儿园难以留住男教师怎么办？

【案例再现】

幼儿园男教师一直都是"稀缺品"。某幼儿园陆续分配来了不少新教师，其中有四名男教师：一名是师范院校体育专业本科生（A老师），一名是研究生（B老师），还有美术和电教专业师范生各一名（C老师和D老师）。男教师的到来给清一色的娘子军增添了新的活力。男教师年轻、幽默、富有朝气，使幼儿园的工作氛围更加融洽。男教师擅长运动，带幼儿进行户外游戏活动时，敢于放开手脚，顺应孩子们的天性让他们爬上爬下，与孩子们一起踢球、追逐、钻山洞、捉迷藏……充分满足了孩子们好奇好动的需求。在幼儿园日常生活中少不了体力劳动，男教师无疑更擅长。每学期开学，幼儿园各班要换教室，都是男教师最忙的时候。一会儿其他老师叫，一会儿领导叫，一会儿厨房叫；一会儿搬道具，一会儿拉家具；电教专业的老师更是繁忙，要给幼儿园各类活动拍照片、给孩子们制作纪录片、帮园长或其他老师制作精美的PPT……更重要的是，在当今幼儿园安全至上的情况下，幼儿园里多几名男教师似乎更能给人以安全感，男教师成了幼儿园里的"香饽饽"。

可是没过多久，问题也来了。先是A老师在组织班级户外活动上下楼梯时，由于没有按照要求组织幼儿靠右排队，导致一名幼儿被同伴推挤摔伤。随后幼儿园组织全体教师学习民族舞蹈，A老师因不愿参加而被园长批评，并被扣了绩效奖金。B老师与谈了两年的女朋友分手，原因是女方父母听说他在幼儿园当"男阿姨"。C老师提出辞职，原因很简单，他来自农村，家里好不容易把他供到大学毕业，可工资那么低，只够养活自己，没有更多的钱在城里买房、娶妻生子、孝敬农村的父母。

【案例分析】

实施学前教育三年行动计划以来，学前教育越来越受到社会各界的关注，越来越多的男教师加入幼儿园教师队伍，男教师队伍的出现和不断壮大给学前教育事业带来了生机与活力，但男教师的发展也面临巨大的问题与挑战。

（1）社会认同感低导致不自信。长期以来，社会对幼儿园教师的定位缺乏专业性、系统性、科学性认识，幼儿教师很难与其他职业（如医生、律师、工程师等专业技术人员）等同，在社会上的地位甚至远远不及中小学教师。幼儿园被打上了"女性"的标签，男教师进入幼儿园中更是会承受家长或社会上一些人异样的眼光，导致男教师不认同自己的职业。

（2）工作中粗心大意、容易出问题。幼儿园里的孩子年龄小，所以日常的保育与常规的培养很重要。女教师感情细腻，工作方法多样，对孩子的照顾无微不至，而男教师工作方式比较粗犷甚至粗心，不了解幼儿的身心发展特点，不理解"为什么上下楼要排队靠右走"等常规问题，导致生活或游戏组织中会出现一些问题甚至安全事故。男教师在这方面的欠缺会引起一些家长的不信任。

（3）工资收入偏低、经济压力大。幼儿园教师的工资收入水平总体偏低，年均收入3～6万元的居多。男教师肩负娶妻、生子、养家、买房以及赡养老人的重任。大中城市的男教师虽然年均收入可达到5～7万元，但相比高昂的房价与教育经费只是杯水车薪。因此许多男教师调侃自己"嫁不出去"，女同事都不找男教师作结婚对象，社会上其他职业的女性更是看不上男教师，男教师的经济与思想压力极大。

【解决策略】

一、立足优势，发挥特长

为了让男教师在幼儿园中找到自己的位置，展示特长，实现自我价值，龚园长与管理人员认真分析了几位男教师的学历背景、个性特征以及爱好特长，根据幼儿园的课程需要，结合男教师的优势，调整了现有带班方式，合理安排他们的工作。B老师本科学的是生物专业，对自然、科学、动植物等知识的了解较为系统、专业，在B老师班级增加一名教师（B老师不脱离班级），减少他的跟班时间，让他专门负责幼儿园科学发现室的筹建与材料配置，并在保教主任的指导与帮助下建立科学发现室以满足大、中、小班专项课程的需要，解决了过去科学发现室中教师认知不全面、课程不系统、指导不专业的问题。同时幼儿园成立了"我是小小科学家"的科学探究社团，在B老师的带领下，孩子们的探究兴趣和探究能力得到了极大的提升，不到两年，B老师成了孩子们和家长们眼中的"科学爸爸"，特别受欢迎。A老师是体育专业师范生，专门负责全园幼儿的体能课，同时负责培训全园教师，普及体育运动专项知识以及运动中的安全常识。专业的指导、有效的保护、充满激情与活力的组织是女教师做不到的，孩子们最盼望的就是每天能跟着A老师开展体能活动。C老师有美术特长，D老师有电教特长……龚园长打破了过去管理女教师的常规，男教师在实习一段时间后不再是固定搭班、三教轮保或两教一保的工作模式，园长为他们找到了自己的职业与个性优势，为他们搭建了施展才华的舞台，让他们看到了自己的价值。

二、因材施教，优化培养模式

幼儿园男教师的成长与女教师相比更加艰难。他们一方面要学习女教师的细腻、温柔和耐心，另一方面要突出自身的粗犷、阳刚和勇敢。同时男教师更具有批判性反思与理性思维，幼儿园如果能充分认识到男教师培训的独特性,加强男教师的职后培训,为男教师"量身定做"专业成长计划,定能让男教师感受到幼儿园的关怀和厚望,进而奋发向上,迅速地成长起来。一方面,可以在园内为男教师配备专门的指导老师,甚至可以成立以教育教学主管为领导的男教师培养小组,组织专门针对男教师的培训活动,例如了解幼儿的需求以及年龄阶段特点、在生活中需细致呵护的要求、生活能力与习惯的培养等过去被男教师忽视或认为"理所应当、不以为然"的内容,同时全园性的培训内容可以有取舍,例如"民族舞"学习,A老师可以根据自己的工作需要选择是否参加。另一方面,还要多组织男教师外出学习,鼓励他们与其他幼儿园的男教师进行交流和沟通,引导他们树立良好的学习榜样。

三、认同职业,规划未来

针对某区37名男教师进行的职业认同感调查结果显示,幼儿园男教师基本认可幼教职业,就"您是否还会选择做幼儿园教师?"这一问题,24.3%的男教师选择"一定会",54.1%的男教师选择"会",21.6%的男教师选择"不一定会",没有人选择"坚决改行"。可见,大部分男教师对从事幼儿教育还是有信心的。上述幼儿园的三位男教师在幼儿教育事业中已经实现了一定的自我价值或开始实现自我价值,在各类竞赛中也取得了骄人的成绩:B老师在全国自制玩教具竞赛中多次获得科学类大奖并申请了专利;A老师在幼儿园成立了自己的工作室,在全省已有一定的影响,成为运动课程方面的名师;C老师在幼儿园教科研工作中扮演了重要的角色,在课程设置和特色课程建设方面也发挥了不小的作用。

纵观学前教育发展史,幼教大家中不乏男性。从世界"幼儿园之父"福禄贝尔到中国的陈鹤琴、张雪门、张宗麟,均为男性。他们怀着一腔热情,躬身实践,探索出幼儿教育的发展之路。当今优秀的幼儿园男教师也不乏其人,从幼儿教育事业的发展以及幼儿和幼儿园的需求来看,男教师越来越得到社会与业内同行的认可。因此,帮助男教师树立职业理想信念、寻找适合自己的职业发展路径、实现职业理想非常重要。

四、适当"偏爱",特别"关注"

幼儿园里的男教师在幼儿园承担着更多的工作,在社会与家庭中的角色不同于女教师,加之社会的偏见、经济的压力,很容易产生"跳槽"的想法。管理者于情于理都应当给男教师适当的"偏爱"与"关注"。首先,要尊重男教师,发挥他们的特长,给予他们更多的关怀,让其感受到身为教师的尊严,激发他们的工作积极性。同时,要在幼儿园内部创设一个尊重男教师的氛围,积极向女教师、家长和社会宣传男教师在幼儿教育中的重要性和独特性,使男教师得到同事、家长和社会的认可,进而促使男教师获得职业归属感。其次,在生活上多关心、照顾这些"单身汉",尽可能解决他们的生活困难,沟通思想,帮助男教师解决恋爱和家庭问题,让男教师稳定下来,安心工作,甚至可帮助男教师物色单位周边适宜的地段,寻找合适的房源,鼓励他们贷款买房。最后,尽最大可能为男教师争取更好的福利待遇,以解决经济的难题,如发放男教师补贴、男教师学期奖励等,甚至可以组织男教师参加一些特殊的教育教学活动,多劳多得,以加班费等形式提高其待遇。

诚然,幼儿园男教师在我国幼教领域发展的现状有喜有忧,但不管怎样,幼儿教育的客观规律表明,和谐的、刚柔并济的教育才是幼儿教育发展的客观要求。幼儿园如何吸引男教师、留住男教师并使其发挥最大效能,是需要管理者不断深入思考的新问题。

【温馨提示】

(1)幼儿园招聘男教师时不一定非学前教育专业不可,可以在相关专业中物色热爱学前教育事业、喜欢儿童、个性活泼、适应环境能力较强的男生。除学前教育专业之外,计算机、音乐、美术、体育等专业的男生也可招聘。

（2）能否留住男教师，关键看男教师在幼儿园的发展空间与待遇。首先，园长要对男教师多一点关心与"厚爱"，如，在职业发展上可利用其专业优势弥补幼儿园某方面师资不足的问题，给予其足够的信任与空间，压担子，给任务，搭平台，帮助其实现自身的价值。其次，园长在生活与待遇上要尽可能照顾男教师，如，帮男教师"物色"女朋友，解决好其婚姻问题以及其他生活问题，留住男教师的"心"。

难题27：幼儿园里青年教师居多，怎样促使他们快速成长？

【案例再现】

2015年的暑假，有一所地级市的公办幼儿园请张园长去给他们的教师做培训。到了现场，张园长发现140余名教师中近100名都是"80后""90后"。张园长非常惊讶：为什么一所公办幼儿园的教师团队竟然是这样的年龄结构？那所幼儿园的园长诉苦道："近几年，市里新建了很多所公办中心园，园里原有的骨干教师都被抽去新园从事管理工作了，再加上又接管了一所新园，招了近40名新教师。除了仅有的3名管理人员外，几乎全部是'新人'。"

【案例分析】

这是近年来所有地级市、县级公办幼儿园以及所有民办幼儿园存在的普遍问题，能够代表我国幼儿园教师队伍的现状。目前，我国大中城市的幼儿园中民办园占较大比例，而一些地级市、县级或乡镇级的幼儿园，虽是公办园占主流，但大多数是2011年教育部推进学前教育三年行动计划以来新建的园所，这类公办园的教师配备情况更不容乐观——除了一部分公招的新教师外，大多属于中小学富余教师转岗安置。当今我国幼儿园教师普遍比较年轻，没有形成理想的教师专业梯队，因此帮助青年教师快速成长，使他们能够尽快胜任幼儿园工作就显得尤为重要。尽管国家出台了五花八门的国家级幼儿园教师培养计划，但仍不能满足广大青年教师专业成长以及幼儿园工作的需要。因此，幼儿园要依靠自身努力，依托专家团队，建立严格的教师培养制度，制订适合本园实际的教师培养计划，形成有效的课程体系，从而促进幼儿园保教质量的提升。

【解决策略】

一、聘请专家进园，开展专题讲座，解决理念层面问题

相对于"走出去"的培训，"请进来"更适合以青年教师为主、教师专业水平相当的团队，它是一种成本低、成效高、见效快的培训方式，幼儿园往往只需支出教师外出培训费用，就可以为全园教师组织一天（两场）的专题报告，帮助教师明晰一些普遍比较模糊的教育理念，讲解一些比较生疏的教育理论，解读学前教育的相关文件，剖析学前教育领域的热点问题，学习发达国家学前教育的先进之处，开阔青年教师的视野，提高青年教师的专业水平。制订专题培训计划，有计划地组织和安排"请进来"的相关培训，可以达到多快好省的培训效果。

二、立足园本培训，实施专业引领，促进教师专业发展

"园本"，就是以幼儿园为本。园本培训是指以幼儿园为单位，建立在本幼儿园的基础上，针对本幼儿园教师、幼儿、课程等实际开展的适宜性培训，其目的是提高本园教师的业务水平，建构适宜的园本课程，以促进本园教师与幼儿园的共同发展。

1. 通过系列化多元活动，筑牢坚实的师德根基

对于青年教师的成长而言，职业道德与职业素养的提升可谓重中之重，幼儿园可以利用政治学习、党团活动、"七一"建党纪念日、"五四"青年节以及教师节等，通过开展师德演讲、观看师德影片、交流分享优秀教师事迹、表彰本园先进教师等活动，不断强化青年教师的职业道德建设，筑牢师德根基。

2. 依托幼儿园管理团队，开展扎实的业务学习

业务学习是幼儿园保教部门针对教师专业水平提升、保教工作开展以及课程发展需要而组织的教师培训活动，各园情况不同，一般每周或每两周组织一次，由幼儿园业务园长或保教主任具体负责，可根据教师的专业现状，有目的、有计划、由浅入深、循序渐进地开展。内容可涉及教育活动方案的设计、班级环境的创设、区域活动的组织、一日生活流程的解读、幼儿一日常规要求、班级管理、五大领域教学等。也可组织教师学习教育杂志上刊登的优秀论文、教育随笔、教育反思或教学案例，帮助教师掌握开展幼儿园保育和教育工作所需的专业知识和技能。

3. 借助于幼儿园骨干力量，开展有效的教学观摩

（1）借助于本园的骨干力量，定期开展园内教学观摩活动，通过听评课引领青年教师专业成长。

（2）邀请本地区的教学能手、学科带头人等进园对青年教师进行教学示范，通过他们自身的课后反思和自评为青年教师树立学习的标杆，引领专业发展的方向。

（3）组织青年教师观看国内名师的教学案例视频，并通过专家高屋建瓴的点评，帮助青年教师树立职业理想，引导其向名师学习，努力成为名师。

三、重视园本教研，突出问题研究，突破实践层面问题

每位教师在教学中都会面临各种问题，青年教师尤其如此。幼儿园应该重视园本教研活动，重点解决教师在教育教学、班级管理、环境创设等工作中遇到的实际问题和困惑。

（1）利用每周的教研活动，或让教师们将自己梳理出来的问题带到教研会上，或教研组提前拟定研讨的主题，让教师们准备好研讨的内容，业务园长或教研组长组织大家共同研讨，集思广益。

（2）开展问题研究。青年教师可以将自己工作中存在的突出问题作为研

究方向，拟定学期研究的小课题，在幼儿园保教部门或教研主任的指导下开展研究，逐一攻破自己在实践层面遇到的问题和难题。解决问题、攻克难题的过程，就是教师专业成长的过程。

四、建立激励机制，完善奖励制度，激发教师自主学习

青年教师专业成长的速度和专业发展的高度，取决于教师自我管理和自主学习的能力。幼儿园应该建立激励机制，完善奖励制度，对那些主动提升学历、愿意承担教学展示、教育论文或随笔获奖等在专业成长和发展方面表现比较突出的教师，应给予一定的奖励或提供一定的平台，从而鼓励和激发教师自主学习，主动追求自身的专业成长。

【温馨提示】

（1）适时调整培训内容与形式，保证教师对培训活动始终保持新鲜感。例如，可根据教师整体发展情况，在理论水平、文字能力、教学案例研讨等方面划定新的侧重点。

（2）不断使自主培训的制度科学化、精细化，包括制定奖励机制的具体实施标准，以保证培训过程长期有效、培训有价值。

（3）借助于自培成果，科学地搭建教师梯队。可采取相互帮扶或以小组为单位的"主题式培训"等多元化的自主培训模式。

（4）自培中要尊重教师的愿望，关注个体差异，更要特别注重青年教师自我发展的强烈要求，用人本化、人性化的方式滋养教师。

（5）重视培训过程资料的管理工作，形成培训成果，还可在同行中宣传推广，让更多的教师和幼儿园受益。

难题28：幼儿园教师出现严重的职业倦怠，园长该如何应对？

【案例再现】

李园长作为省级专家随省教育督导团到某区进行"教育强区"的评估验收。督导团随机督查了几所幼儿园，有乡镇中心园，有村办园，也有区级公办园。所到之处，不少教师一脸疲惫，见人极不热情，甚至让人觉得他们非常不欢迎来检查的人，他们看孩子的眼神是冷漠的、厌烦的、没有温度的。

暑期，某县组织教师培训，邀请李园长去讲课，刚一到现场她就明显感觉气氛不对劲，数百人的讲堂里，没有笑容、无精打采、萎靡不振、趴在桌上的教师占了一大半。教师的现场表现给李园长传递了一个信号：现在是暑假，我本该在家休息；孩子一个人在家，我不放心；家里有一大堆的家务等着我暑假来做呢……

平时在和一些园长朋友聊天时，李园长也常能听到一些抱怨：现在的教师很难管，对岗位、待遇、工作环境要求很多，稍不如意就牢骚满腹、满脸怨气，甚至说走就走，撂挑子不干了。尤其是一些公办园里的老教师，不乏缺乏职业理想和使命感的，工作中得过且过，不思进取，做一天和尚撞一天钟，每天都在混日子。职称一旦晋升到头，就好像人生已经到了尽头，不需再努力拼搏了，每天上班盼下班，下班赶快溜，都不想在单位多待一分钟，看见孩子就烦，听到哭声更是想躲，至于做课题研究、上公开课、写论文这些费脑子的专业提升活动一律不想参与。

【案例分析】

导致教师职业倦怠的原因有很多，其中有各类上级部门频繁验收、检查预评估等客观因素，当然也不乏教师个人的原因。但笔者认为，其中最重要的原因来自组织管理落后、领导方法无效、多头检查频繁。具体表现为：一是严重的大班额（公办园园长无奈，需要面对各种关系户，班额控制不严；民办园园长追求经济效益，盲目扩大班额）使教师苦不堪言。二是幼儿园管理水平低，激励机制不健全，忽视教师的专业成长或一味迎合上级要求，让教师重复性地去做大量简单、无意义的工作，如加班加点补写档案、制作各种墙饰、"美化"环境。三是家长的期望值过高，他们对孩子的溺爱和过度保护，极其陈旧、落后的教育观念，无形中给教师的身心造成了很大的压力。如：孩子在园磕了碰了，家长不依不饶，告状索赔；家长对班级教育工作指指点点，随意评论，盲目干预；家长的个性化要求多，都希望教师特殊关照自己的孩子……

上述原因导致很多教师心力交瘁，严重倦怠，在工作中萎靡不振。

【解决策略】

一、提高管理水平，提升领导魅力，缓解教师的职业倦怠

作为管理者，应不断提高和强化自身的科学素养和人文情怀；坚持人本管理的理念，实施人性化管理，公平公正、合情合理地处理好各种工作和人际关系；充分肯定和接纳教师的工作成绩和身心付出，用心体察教师的情绪反应并在第一时间给予关注；明晰每一个岗位的职责、职业规范、流程，为教师的个人专业发展和业务提升提供宽松的空间和充分的机会；进一步提升领导集体的魅力和影响力。这对于预防和消除幼儿园教师的职业倦怠是十分有效的。

具体表现为：

（1）提升领导学习的意愿和沟通的有效性，营造和谐健康的工作关系和良好氛围。

（2）加强领导计划的前瞻性和执行的计划性，形成执行惯性，充分发挥计划的引领作用，克服因管理中的随意性而导致教师重复无效工作或疲于调整个人计划来顺应组织计划的弊端。

（3）建立教师取向的管理风格，处理好与教师的亲疏关系，加强原则，提高执行力。

二、加强文化建设，注重人文关怀，增强教师的归属感

文化是渗透人心最重要的力量，是区别于制度的一种软管理模式。在管理过程中文化与制度二者不可或缺，制度是底线，带有强制性，而文化一旦深入人的灵魂深处，则可以抢占人的心智，形成一种自然的推动力量。文化管理是教育管理的最高境界——"润物细无声"。基于这样的思考，结合《幼儿园教育指导纲要（试行）》的精神，根据幼儿园工作的特点以及幼儿园实际，李园长所在的幼儿园提出了"关爱、尊重、感恩、激励"的核心价值观，并采取了一系列的管理措施，策划并组织开展了多种丰富多彩、形式新颖的大型主题活动。具体做法是：

（1）关注教师的困难，关心教师的需要。设立"互助基金"，每年组织一次教师体检，开办心理健康讲座，关注教师的不良情绪，了解情况，及时疏导，必要时给予帮助，做教师生活上的贴心人。同时，搭建平台，提供机会，创造条件，满足教师自我发展、自我成长的需要。

（2）丰富文化活动，引导精彩生活，提升生命品质。通过"时装表演""厨艺大赛""羽毛球、乒乓球比赛""趣味运动会""插花艺术"等系列活动，展示教师的风采；通过春游、采摘等休闲娱乐活动，点缀生活，愉悦身心，从而确保教师能够以饱满的热情投入工作，"快乐工作，精彩生活"。

（3）修改奖励制度，调整评优标准，完善激励机制。从教师的成就动机出发，设计包括个人与集体的20余种个性化的奖项，如自我超越奖、学科带头奖、最佳节约奖、最佳协作奖等，从不同的角度肯定教师的成绩，放大教师的闪光点，让不同层次的教师知道，只要自己付出努力，就有获奖的可能。还可赠送励志书籍和购书卡，引导教师开展读书活动，撰写读书心得并交流分享。

三、搭建成长平台，关注专业发展，提升职业幸福感

提出"培训即最好的福利""装进脑袋的薪水会产生增值""学如逆水行舟，慢进则退"，逐年加大培训力度，开展一系列多元化的培训活动。

（1）为教师自主学习提供便利条件。充实书籍和资料，鼓励教师借阅。对于参加学历进修的教师，除了按比例报销学费外，每学期在其参加考试前给半天公休假供其复习整理考试内容；对于函授学习的教师，允许他们不参加假期值班。这样可以激发教师的学习热情和积极性，形成学习型组织。

（2）重视政治思想教育，利用政治学习强化职业道德建设，倡导主人翁精神，树立忧患意识。通过组织观看师德影片，开展"送好书，读好书"活动并组织交流分享观后感和读后感，对教师进行礼仪教育、大爱教育、师德教育、职业规范教育以及心灵的滋养，以树立教师的职业形象，培养教师的积极心态和良好工作态度，使教师确立正确的生活理念，培养专业化、高素质、爱业、敬业、乐业、精业的教师团队。

（3）通过拓展培训、团队内训等，使教师在体验中感悟付出、负责、担当、感恩、珍惜、协作等优秀品质在人际互动及团队建设中的意义，并通过积极的评价导向使教师逐步克服个人英雄主义和小集体意识的思想倾向，鼓励教师做鹰一样的个人，打造雁一样的团队。

（4）组织园领导和骨干教师参加企业管理培训课程，转变观念，调整心态，在发生矛盾和冲突、出现负面情绪时能够内观，学会负责。

此外，还可通过调整管理策略，优化管理方法，减轻教师的身心压力。如：根据教学工作的需要及不同层次教师专业发展的需要，对案头工作分层管理；倡导团队合作，共享合作成果等，这样既可提高工作效率，又可减轻工作负担。

【温馨提示】

尽管教师职业倦怠的成因是多方面的，但都可以以提升管理团队的管理水平、改进管理方法为突破口。如果管理团队，尤其是园长能够重视教师的职业素养，经常对教师进行人生观、世界观、社会主义核心价值观的教育，用先进的、优秀的、高尚的案例激励教师，培养教师的教育情怀，那么，由个人因素导致的教师职业倦怠问题将会得到大大的缓解。管理团队能够重视家园共育工作，开展有效的家长课堂，通过多种渠道向家长宣传科学育儿的理念，争取家长的理解和支持，由家长方面的因素导致的教师职业倦怠问题也会得到有效缓解。

难题29：教师对繁重的案头工作感到头疼，园长该如何处理？

【案例再现】

张园长好朋友的女儿在一所知名幼儿园任教。有一天张园长去这位朋友家里串门，朋友的女儿一见面就抱怨："幼儿园里的工作太烦了，每天有写不完的东西！到了学期末，更是每天埋头苦写，东拼西凑，从网上下载抄袭。也不知道写这些没用的东西干啥，还不如多点时间好好陪孩子们玩呢。"作为一名有30多年学前教育工作和管理经验的"老幼教人"，张园长只能跟朋友的女儿说写这些东西的必要性和重要性，告诉她要学会计划，有效安排时间，平时多注意积累，善于学习等冠冕堂皇的话。

每年都有多批不同项目的国培学员来到张园长的幼儿园学习，谈到教师的案头工作，大家同样怨声载道，而实际上大家也多是抱着应付、敷衍的态度完成这些案头工作的，有的甚至扮演的是"搬运工"的角色，把教参上的活动方案抄到教案本上，完全不考虑班级幼儿的年龄特点和实际水平，也不考虑教参的地域特点是否适合本园、本班的实际，结果计划是计划、活动是活动。

有一次，一位新生家长为自己的孩子考察幼儿园。在向张园长做过一系列咨询后，家长突然提出一个问题："你们幼儿园对家长有什么承诺？"这个问题把张园长问懵了，一时不知该如何回答，就反问了家长一句："你希望我们给你什么承诺呢？"家长说，比如某某幼儿园，老师每天下午都要给每位家长交一份孩子今天在园的情况汇报，涉及吃喝拉撒睡、学习、游戏等。

【案例分析】

有调查显示：在有的地区或园所，教师每学期的案头工作多达20余种，主要包括教案、个案分析、反思、园本课程、区角活动案例、月目标、周计划、学期班级工作计划、德育工作计划、安全工作计划、德育活动资料、安全活动资料、亲子活动资料、班级工作总结、德育工作总结、主题活动资料、幼儿成长档案、教育随笔、家访记录、家长开放日计划（总结）、公开课教案、家长会讲稿、听课记录、家长助教活动资料，等等。

作为省市专家库的专家，张园长经常参加省示范园、市一级园等幼儿园的检查评估督导活动，在检查中总会看到不同级别的幼儿园教师的各种名目繁多的书案文档，多半属无价值的抄袭或拷贝，缺乏认真的思考或有意义的记录反思。究竟是什么导致教师要完成如此之多的文案呢？原因无外乎以下几点：

（1）管理人员不专业，不理解专业规范，对幼儿园教师应该书写、有必要书写的文案缺乏专业思考，盲目效仿。

（2）有些幼儿园管理者为了迎合家长的需要，完全不顾教师的承受能力，也不分析有些案头工作是否有意义或教师能否完成，强加给教师一些所谓记录孩子在园表现的文字材料。

张园长对幼儿园教师众多案头工作的意义和价值做过一些思考，也对不同教龄和发展阶段的教师能够完成或胜任的案头工作有过思考，并且在本园的管理实践中做了一些大胆的调整和尝试。

【解决策略】

一、学习《幼儿园教师专业标准（试行）》，明晰文案要求

幼儿园教师的案头工作是指与幼儿园教育计划、教育行为、管理行为等相关的文字工作，对教师而言包括班级管理类、教育教学类、课题研究类等文字工作。《幼儿园教师专业标准（试行）》中，"教师的专业能力"第十四条规定："幼儿园教师应该具备反思与发展的能力。"要求教师主动收集和分析相关信息，不断反思，改进保教工作；针对保教工作中的现实需要与问题进行探索和研究；制定专业发展规划，不断提高自身专业素质。要求教师书写各种案头工作的出发点是帮助教师学会反思、学会研究，以促进教师的专业化发展，提高教科研质量，让不同教龄的教师做适合自己并能促进自己在不同水平上的专业发展的工作。

二、关注教师的"最近发展区"，实施分层要求

近年来，维果斯基的"最近发展区"理论被幼教界广泛学习和运用，这一理论也应该运用到对教师的管理和要求中，运用到教师的专业发展规划中。在对教师案头工作的管理中，幼儿园应首先考虑到不同教龄、不同发展层次教师的实际，实施分层管理。

（1）关于半日活动计划。3年以下教龄的新手教师及3～5年教龄的教育活动设计能力有待提高的教师，要写详细的半日活动计划（含详案）；有3～5年教龄且业务能力较强的教师，要写晨间活动名称与准备、游戏活动目标与材料以及教学活动简案；而5年以上教龄的成熟型教师只需要写教育活动的目标、准备、教学重难点和突破策略以及课后反思。

（2）关于教育笔记。对反思能力强、写作水平较高的骨干教师，要求每月整理完成一篇有价值的教学案例；其他教师每月完成两篇反思笔记。当然，如果教师的反思意识强，可能会随时撰写教育案例与反思。

（3）关于教育研究。教育研究应该成为贯穿每位教师教育生涯的一种自觉行为。只有善于研究、乐于研究、自觉研究的教师，才能成长为专业的、优秀的专家型教师。然而，并不是每位教师都具备课题研究的能力和专业水平。因此，幼儿园要求凡是具有中级以上职称的骨干教师，一律参与幼儿园申报的省级或市级课题研究，在课题组的统一领导下，将与课题相应的研究任务分配到不同的学年、学期，按阶段完成相关的任务，撰写与课题相关的案例、课例、随笔、论文等；成熟型教师结合自身特长以及所承担的教学工作按学年确定自己的研究专题，开展专题研究，逐步形成自己的个人风格和班级风格；新手教师针对自己在工作中存在的问题和困惑开展焦点相对集中的小问题研究，逐一突破。无论哪个层次的教师，都要按照申报课题的规范完善并撰写自己的课题资料，学习和掌握规范的研究方法。

此外，将幼儿成长档案中用文字书写的"幼儿现状分析"及"幼儿发展评价"改为表格形式。每位教师必须在教案本的最前面抄写一遍原来平行班共同制定的"学期教育目标"。所有教师每月完成两篇听课记录，班务与个人计划均改为表格形式。不要求教师完成对教师专业发展和园所发展作用不大的案头工作。

三、倡导团队合作，共享合作成果

倡导共享家长会的讲稿或PPT，鼓励年级组长或资深班长整理材料，由擅长多媒体技术或精通计算机操作的教师制作PPT，年级组各班可根据本班实际在使用时做微调。甚至，同一主题的家长会，可由各班分别组织改为年级统一组织，教师轮流担任班长。

家长开放日、运动会、节日庆典等大型活动均倡导年级组合作，统一研究制定方案，各班分工合作完成，各班教师只需参加集体研讨，磋商方案，主动认领任务，或由组长根据班级、个人的特长分配任务，每个人只需要完成准备工作的一小部分。这样不仅能切实减轻以班为单位开展大型活动时班级教师的工作压力，而且能充分发挥每个人的优势，让每个人只承担自己最擅长的部分，从而提高工作效率。

减少教师大量重复无效的劳动，减轻教师的身心负担，有利于教师缓解不良情绪，提高工作效率，同时可提高大家工作的积极性，培养团队合作精神，实现多赢。年龄大、点子多、经验丰富的老班长不再为眼睛花、打字慢、写东西费劲而发愁了；教龄短、资历浅的新班长也不用担心自己班级的活动组织不好了。

【温馨提示】

园长在管理实践中，一定要时时做思考者，要认真思考并分析每一项要做的工作之意义和价值所在，要明确"教师是知识工作者，脑力劳动者，而非体力劳动者"。因此，园长要给教师留下充足的自主学习和自主工作的时间，要引领教师成为勤学善思的教育工作者，而非搬运工；要为教师搭建互相学习、共同促进的成长平台，在园内营造浓厚的研究氛围；要学会做"减法"，摒弃只做"加法"的管理思路，把教师从大量无意义的文案工作中解放出来，让他们在必要的、有限的文案书写中学会梳理总结，学会反思，形成有价值的教育见解，享受专业成长带来的成就感、获得感和幸福感。

难题30：幼儿园高学历教师不能安心工作，园长该如何应对？

【案例再现】

A幼儿园是某市直属幼儿园。自从2010年第一个三年行动计划实施以来，市教育局按照《国务院关于当前大力发展学前教育的若干意见》的要求，加强幼儿园师资队伍建设，每年都分配给A幼儿园一定数量的师范生，其中不乏部属师范院校以及211、985院校的应届毕业生。这些高学历师范生的到来给幼儿园注入了新的活力，大大提升了教师的学历水平。园长以及管理团队十分重视师范生的职后培养与培训工作，于是在分班组合时，刻意安排有经验的班主任老师带教。新教师开展工作之后，问题随之而来，如：看不起低学历的"老教师"，不愿意做保育工作，与家长交流沟通不畅，甚至有些新教师独立带班时面对几十个孩子束手无策……一年不到，几位新教师分别找园长谈话，有的提出转单位，有的要调换工作岗位，有的要考研究生。高学历教师不安于现状成为摆在园长面前的棘手问题。

【案例分析】

高学历教师在幼儿园里难以安心工作，可能有以下几个原因：

（1）对工作性质的了解不到位，缺少认同。

部分师范生之前对幼儿园的工作性质了解不够，对自己有较高的期望值。幼儿园安排三教轮保或者新教师必须在保育员岗位上工作2～3个月甚至更长时间，清洁教室卫生、打扫消毒卫生间、清洗碗筷等"保教结合"的繁杂工作与其预想存在较大落差。他们认为这些工作应该是保洁人员的工作，自己被"大材小用"。这些导致一部分本科学历的幼儿园教师对从事学前教育工作的认同度偏低。

（2）对带教人员不认同，感觉自己怀才不遇。

由于幼儿园过去的招聘对象为中专（幼儿师范学校）毕业生，现在职的"老教师"或管理层多为此类人员。他们工作经验丰富，教育技能、技巧扎实，理论知识与教科研能力相对薄弱，运用新课程理念实施课程改革与开展课题研究较为困难，指导新教师可能会出现理念偏差，难以使新教师心悦诚服。新教师对带教人员的思想理念或行为不认同，总感觉自己怀才不遇。

（3）专业能力欠缺，组织活动力不从心。

目前，本科学历的幼儿园教师的来源主要有两大类：一类是学前教育专业的毕业生，另一类是其他专业（主要以艺术类、体育及英语专业为主）的毕业生。这些毕业生都在入职后表现出教育基本功较弱的问题。学前教育专业的本科生大都上的是普通高中，原有的弹琴、舞蹈等技能水平几乎是零，而本科阶段的舞蹈、绘画、琴法等技能课的开设时间又普遍较短；而其他非学前教育专业的毕业生由于专业培养目标的不同，在幼儿教育教学方面的知识和技能很欠缺。由于他们缺乏幼儿教育教学的相关技能，在组织幼儿活动时，通常表现得力不从心。

（4）组织沟通能力欠缺，人际关系紧张。

新教师从学校迈入社会，人生角色发生重大转变，从学生变为教师，要面对园长、家长、幼儿、管理人员、同事等。幼儿园里的主班教师与配班教师之间往往是师徒关系。作为配班教师的新教师有较高的理论素养和较强的逻辑思维能力，但因缺少工作经验和实践能力，在具体工作中须听从主班教师的指挥和教导。由于家长的教育背景、文化层次、个性存在极大的差异，所以与家长沟通也需要教师具有极强的沟通能力与技巧。高学历幼儿园教师在工作中如不能调整好心态，一味强调自己的学历优势，极易产生失衡和抵触的心理，进而造成人际关系紧张。

由于以上种种不适应，部分高学历教师不能安心在幼儿园发展，开始萌发调动或考研的念头，想方设法要离开幼儿园。

【解决策略】

一、增强职业心理素质是前提

职业心理素质是幼儿园教师进行职业活动的动力因素，它包括职业理想、职业价值观、职业认同感、职业信念等方面。才从大学校门踏入幼儿园的高学历教师，如果对幼儿园工作性质了解不清晰，对幼儿园教师的职业使命与责任感认识不足，就会认识模糊，缺乏职业理想，摇摆不定或缺乏动力，工作效能低下。因此，高学历教师入职的第一课便是职业理想教育，只有清楚地认识到幼儿教育对幼儿一生学习与发展的重要作用，具有极强的专业理论与专业能力才能胜任幼儿教育工作，高学历教师才能认同自己职业的重要性与专业性，才能在工作中学习运用相关理论，"热爱儿童""随时随地观察研究儿童""支持儿童的学习与发展"，才能专注并热爱自己的工作，全身心地投入到工作之中。

二、名师现身说法，讲好"入职第一课"

引导新教师做好职业规划，树立职业理想，使他们顺利完成角色转换，增强职业认同感，"现身说法"非常重要。A幼儿园的园长认真做好新教师入职培训的准备工作，除了介绍本幼儿园的办园理念、发展目标和管理制度等，还特意聘请了一位在专业领域颇有建树的"师长"与他们座谈并开讲座，帮助新教师制定适合自身的职业发展规划，引导他们全身心地投入到幼儿园工作中。

三、"量身定制",打造职后培训分层课程

由于毕业生来自不同专业,面临的主要问题和最需要的专业支持各不相同,因此为其量体裁衣、制订适合其发展需要的多模式和多渠道的培养计划尤为重要。除了通识性培训之外,艺术类、体育类或其他专业教师需要接受幼教化培训,幼儿教育学、幼儿心理理论等幼教专业理论、专业能力,各领域核心经验以及支持策略等必修课都应被纳入培训课程之中。园长还开出必读书单,组织读书沙龙活动,集中学习与自主阅读、自我修炼紧密结合,让教师边学边悟,尽快将理论与实践有机结合。其次,聘请专业教师(或园内优秀教师)对非幼教和艺术专业的教师进行艺术(弹、唱、跳、绘画、手工制作)专项培训,并指派"师傅"帮扶指导,使非专业教师能够尽快胜任工作。

四、倾听建议,搭建平台,发挥优势

高学历教师往往理论知识比较扎实,思维缜密,思考及科研能力较强,具有更大的发展潜力。在某次园长与新教师座谈时,新教师提出渴望从繁重的卫生劳动中解放出来,利用更多的时间研究教学、观察儿童,园长立即采纳这些建议,调整工作时间、结构与内容,将清扫与卫生消毒工作派给专职保育员,给新教师更多的时间、空间观察研究儿童。某位教师对绘本研究着迷,园长便给其所在的班分配了更多的绘本,并允许该教师根据需求自行购买,外请专家并亲自参与指导这位教师进行主题研究,经审核允许其开发班本课程,并增加一名配班教师……此教师课题研究的论文成果被评为部属重点高校优秀硕士毕业论文。幼儿园注重发挥高学历教师的这些优势,为他们提供更多的外出学习和培训的机会,鼓励并帮助他们申报各级课题,在业余时间继续提高自己的理论水平及学历层次,梳理解决教育教学工作中的问题及困惑,使他们在幼教改革及科研工作中发挥领头羊和主力军的作用。在马斯洛需要层次理论中,当"尊重需要"与"自我实现需要"得到满足时,高

学历教师的价值与作用将得到更好的发挥。

【温馨提示】

（1）高学历教师到幼儿园往往会有"大材小用、不甘心"的心理，因此"留得住"高学历教师是园长首先面临的问题。除了职业理想与职业认知教育之外，首先，园长要关心他们的生活，了解其心理需求，解决其生活困难，"以心留人"。其次，园长要营造学习型园所文化，让高学历的新教师在幼儿园能够有施展个人才智的平台，且能融入此种高雅文化氛围之中，"以境留人"。

（2）园长要认真倾听并尊重高学历教师的意见与建议，"委以重任""搭建平台"，分析并利用优势资源，帮助其找准着力点，全身心投入到工作中去，实现其自身价值。

难题31：员工爱发牢骚，影响士气，园长该如何应对？

【案例再现】

一天中午，幼儿园接到上级主管部门的紧急通知，要求当天必须向全体正式职工传达上级的一份文件精神。幼儿园立即通知全体正式职工中午到会议室开会。恰好那段时间区里的活动、帮扶工作及园里的大型活动凑到了一起，老师们比较忙，尤其是教研组长、年级组长应接不暇。有个别组长开始情绪焦躁，状态不佳，脸上写满了"烦"字。第二天一大早，李园长刚进餐厅准备用餐，一位平日里从不掩饰自己、遇事爱发点牢骚的教研组长（业务能力非常强）语气生硬地劈头盖脸来了一句："园长，这周哪天中午还会开会？"李园长没有回答她的问题。那位组长看李园长没有理她，自言自语道："忙死人了，这周事太多了，都没有正常下过班……"整个过程中，李园长始终没有吭声，心想，等她冷静后再找她谈吧。

【案例分析】

任何一个单位都不免有一些爱发牢骚的人，也会有一些让人发牢骚的事。况且幼儿园是女同志集中的场所，工作又琐碎、繁杂，加之近年来学前教育受到了空前的重视，各种检查、评估、帮扶、观摩、比赛……使人应接不暇，所有业内人士无不感到很忙。因此，有人发牢骚也是可以理解的。"发牢骚"是一种负面的情绪或态度，作为园长或者管理者如果不能敏锐觉察并有效制止，这种负面的情绪或态度就会在单位内部蔓延，形成一种负能量场，严重影响员工的情绪，降低工作效率。

那么，对待员工"发牢骚"，园长究竟应该如何处理呢？

【解决策略】

一、分析员工发牢骚的原因，具体问题具体解决

有人群的地方就会有矛盾和冲突，员工发牢骚无外乎两种原因：一是源于个人利益，一是源于幼儿园的管理。园长应该区分不同的原因，采取不同的策略，对症下药，有效解决。

（1）因抱怨工资待遇低、工作环境差、工作任务重等个人利益而发牢骚。

一方面，园长可利用开会、学习等集体活动向全体员工阐明幼儿园的现状、管理制度以及国家的政策。如，八项规定颁布之后，各单位工资之外不符合规定的"福利待遇"较之前都有大幅度降低，员工难免有牢骚，工作积极性受挫。园长可以向大家解读和宣传政策，帮助员工认清形势，争取员工理解，引导员工调整心态，使其积极乐观地接受现状，快乐工作。

另一方面，园长可以与员工进行个别谈话，明确告知发牢骚的员工，工资水平的高低是单位基于整体的经营状况、综合多种因素制定的，不会因为员工发牢骚而有所改变。如果选择在这里工作，就要接受这里的工资水平，保持心情愉悦，快快乐乐地工作；如果觉得工资低，不能满足生活所需，那就高高兴兴地离开，另求一份满意的工作。总之，不能让自己整天牢骚满腹，不开心地过日子。

（2）因抱怨单位制度不健全、管理不规范、处事不公平等管理问题而发牢骚。

园长一定要对发牢骚的人进行具体分析具体对待。如果发牢骚者是那种浑身充满负能量的人，认为国家、社会、单位、同事、家人谁都对不住他，看什么都不顺眼，那么发牢骚就是他们的常态，对于这类人，多数情况下园

长可以选择置之不理，采取边缘化的管理办法，同时通过教育培训、文化浸染、价值引领，正团队风气，使其成为非主流。

如果发牢骚者是幼儿园的核心成员、精英分子，他们往往把幼儿园当作事业的舞台和价值的载体，更关注幼儿园的发展，希望通过这个平台来实现个人的价值，那么他们更多的是因为对幼儿园负责才发牢骚。作为管理者，平日里要敏感地觉察这类员工的情绪状态，认真对待他们的牢骚，从他们的牢骚中反观自己管理的问题，找出不足，不断地改进管理方法，提高管理水平。

如果发牢骚者是容易冲动、遇事不冷静的教师，那么他们虽然常发牢骚，但也就是说说而已，工作该怎么干还是怎么干。对于这类员工，当时可以不予理睬，待他们冷静后再沟通。不过，这类人一般冷静后也就没事了。比如，案例中的教研组长就属于这类情况。对于这类情况园长可以冷处理，员工发牢骚时不理会，过后忠告他：一是解决问题有多种方法，随着年龄的增长，要学会理性地解决问题，发牢骚是不起任何作用的；二是要注意自己的身份，要注意在年轻教师中树立自己的形象，思想觉悟、处世态度等都要起表率作用；三是要加强个人修养，遇事不要急躁……只要园长能做到推心置腹，苦口婆心，真正从爱护员工的角度去沟通和交流，是会收到很好的效果的。

二、畅通员工发牢骚的渠道，通过沟通化解怨气

管理最忌讳的是家长制，权力高度集中，管理者独裁，不允许员工提意见、发牢骚，采取专制的管理手段，这样做的结果是团队气氛压抑，死气沉沉，甚至暗流涌动，一触即发。园长应该积极倡导民主管理，为员工开辟畅通的沟通渠道，允许员工提意见、发牢骚，用心倾听员工的心声，积极采纳员工的建议，有效化解员工心中的怨气。

（1）建立教职工代表大会制度，通过员工选拔，推举可信的、有一定群众基础的、能代表群众利益的教职工担任教职工代表，员工可以将心中的不满和抱怨反映给教职工代表。

（2）每学期幼儿园园务计划宣布后，给大家留出一天的时间思考并以年级组为单位提出意见和建议，能采纳的积极采纳，不能采纳的要向组长反馈理由。

（3）设立园长接待日和意见箱。园长定期接待有意见、有怨气的教师，开诚布公地了解教师的想法，采纳合理的意见，发现问题，及时解决。

（4）定期谈心，及时了解和研究员工最关心、最直接、最现实的问题。近年来，幼儿园管理不断加大改革、调整力度，许多改革直接涉及广大员工的切身利益，如岗位竞聘、绩效改革、继续教育、评先创优、晋升级别等，以及员工日常关心的收入增长、职工福利、劳动保护等。园长通过谈心，及时了解员工代表和广大员工的真实想法，把握员工的思想动态。

（5）随时关注员工的不良情绪反应，及时沟通了解其心理动态，与管理有关的要积极沟通，有效处理，属个人问题的要进行疏导，以消除对工作的不良影响。

总之，要想方设法让员工打开心结，让不良情绪合理地宣泄，这样员工才能轻松愉快地投入工作。

【温馨提示】

员工发牢骚并不全是坏事，园长不要怕员工发牢骚。牢骚可以让园长克服麻痹思想，随时保持警醒；牢骚可以促使园长不断思考和改进工作，有利于幼儿园的发展。总之，要正面对待和回应员工的牢骚，将牢骚变成促进工作不断完善的"催化剂"。

难题32：年轻教师不愿意承担保育工作，园长该如何应对？

【案例再现】

一大早，小三班铭铭的妈妈来找关园长，说有些感谢的话要向园方表达。关园长热情地接待了家长，耐心地听家长讲了来龙去脉。

下午午睡起床，铭铭赖在床上半天不起来。小方老师提醒几遍后，已经提高声音了，但铭铭还是不动，眼里似乎还有点眼泪，方老师就问铭铭："你怎么啦？叫了半天还不起来。"铭铭立刻大哭起来，方老师走过去看了看，原来铭铭拉到床上啦！

小方老师立刻生气地喊起来："铭铭，你是怎么搞的？怎么会拉到床上呢？"小朋友们听见后，都笑了起来。有几个小朋友还不停地说："铭铭拉到床上啦！铭铭拉到床上啦！"

铭铭放声大哭起来，班主任李老师听到后过来给铭铭穿上小拖鞋，把他领到卫生间并冲洗得干干净净，还特别叮嘱小方老师把铭铭的衣裤换好，再清洗干净床品。

小方老师把铭铭弄脏的衣裤以及换下来的床单、被罩统统折起来装进一个大纸袋子里。下午离园的时候，她把这些东西交给了铭铭的妈妈："铭铭今天拉到床上了，搞得很脏，我们给他换洗过了。还有这些东西，我实在没时间洗，麻烦你带回家洗干净，明天再带来。"铭铭妈妈很不好意思地说："麻烦方老师了。"

听到这里，关园长明白了：家长并不是专门来表扬班主任李老师的，而是来投诉小方老师的!

关园长很不好意思地向家长致歉,并表示自己以后会多注重管理工作中的细节,尤其对年轻教师工作责任心的关注要更多一些。

【案例分析】

保育员是幼儿园里的重要工作人员,保育员的工作也自然是幼儿园工作的重要组成部分。保育员要照顾好幼儿一日的起居饮食,要帮助幼儿创设良好的环境条件,要配合教师促进幼儿保教活动的顺利开展,如此才能保证幼儿的身心健康。目前许多幼儿园的保育工作存在如下共性特点:

(1)年轻教师对保育工作的积极性不够,认为保育员的工作不够体面。"80后""90后"大都是独生子女,从小就备受照顾,有的年轻教师几乎从不做任何家务事。因此,他们做保育工作,不仅不习惯,还会觉得自己低人一等。有位女教师工作都几年了,但从来都不想让男朋友一家知道自己在幼儿园里给孩子们洗餐具、擦屁股、刷厕所。

(2)年轻教师的保育知识与技能普遍缺乏。这与目前师范院校学前教育专业的课程设置有关,更与目前幼儿园的理念相关。"重教育,轻保育"在许多幼儿园较常见,人们认为保育工作就是清洁卫生、清洗餐具、管理物品。因此,保育工作的科学性必须落到实处才具有价值与意义,如果教师仅仅把保育工作视为打扫卫生,不能认识到其中科学保育的内涵,更不能深刻理解保教并重、保教合一的原则与重要性,那么保育工作就只有一个空壳了。

(3)年轻教师在保育工作中往往只在乎自我的感受,而忽视了孩子的心理以及家长的感受。上述案例中的铭铭已经觉得拉到床上是一件很没有面子的事情,但他的感受偏偏被年轻的小方老师疏略,再加上小方老师的不妥当处理,铭铭和家长难免无法释怀。

【解决策略】

关园长的这所幼儿园是当地一家创建不久的公办性质的幼儿园。随着幼儿人数的增加，幼儿园陆续招录了很多新教师，全面实行了一班三教，即一个班级三位教师，不再专设保育员，班主任不承担保育工作，由两位配班教师隔周轮流承担保育工作。这样一来，教师的竞争意识逐渐增强，教学、教研热情日渐浓厚，但同时大家都在努力地想摆脱保育员工作，争当班主任。针对铭铭妈妈反映的情况，关园长采取了以下策略。

一、深入了解，与教师倾心交谈

关园长先把这件事情同保教主任做了沟通。保教主任说这个小方老师虽然年轻，但具有一定的工作能力，喜欢在教育活动组织方面下功夫，教学活动设计总能创新，只是一开始就不喜欢做保育工作，能躲就躲，现在每隔一周专门做保育，就更没有积极性了。上学期同在一个班的班主任找她谈话几次都解决不了问题。这学期，保教办专门把她安排在小班让她适应保育工作，还特别搭配了很有爱心和责任心的李老师，没想到开学没多久，就发生了这样的事情。

关园长找来小方老师，她忐忑不安且带着一丝委屈。

关园长先问道："小方，知道我叫你来的原因吗？"

小方老师的脸红了，说道："我知道家长对我有意见。"

"那家长为什么会对你有意见？"关园长追问。

小方老师不直接回答，红着脸，梗着脖子小声地说道："我就是不喜欢干保育工作，又不是不喜欢小孩子！"

关园长笑了，但是很严肃地对小方老师说："小方啊，你妈妈很爱你吧？假如你妈妈只说爱你，但是在生活中从来不愿多照顾你，你会怎么想？"

一句话问得小方老师噎了半天，她急忙反驳道："我妈妈不可能不为我付出！"

关园长继续说道："我也听说了，你在家里连最基本的家务都不做。可是你已经23岁了，你教小朋友说'自己的事情自己做'的时候会有什么样的感受？"

小方老师说不出话来。关园长笑着拍了拍她的肩膀："就是因为你妈妈对你付出，你才更爱她。当然，我也知道你很爱小朋友，还让他们叫你小方妈妈，但你对保育工作的逃避已经到了令孩子、家长以及同事们包括我没法喜欢你的地步。你说你爱小孩子又有什么意义呢？"

二、积极展开讨论，对教师提出要求

关园长跟小方老师谈过话后，又让保教主任以这一问题为契机，召集班主任共同探讨如何帮助年轻教师建立保教并重的意识，从而达到"保教合一，以保为先"的目的。

关园长参加了讨论会，听到大家普遍反映还是当年的"两教一保"好，一些"90后"年轻教师对保育工作的认同水平较低，"保育工作不作为"现象太严重。所以，有的人认为应该以鼓励为主，要手把手地教年轻教师；有一部分人则认为年轻教师只有接受"刺激"才会改变，幼儿园必须出台惩罚政策才会有效果。两种意见都提议还是重新回归到"两教一保"的模式上来。

关园长笑了笑说："因为事业单位的性质，我们以后不会再临聘保育员了，之前的'两教一保'也仅是过渡阶段，所以大家不必在这个问题上纠结。"

继而，她指出几点，并提出了要求：

（1）全体教师应充分认识到保教并重与提高保教水平、提升保教质量的直接关系。

（2）幼儿园立即修订并实施新的《幼儿园保育工作细则》。

（3）"两教轮保"从下周起调整为"三教轮保"，各班级的班主任不仅要指导其他人员参与保育工作，自身也要全面参与到保育实践工作中。园长及保教管理人员每月至少应有0.5～1天的"保育实践日",在保育实践中发现问题,提高管理水平。

(4)管理人员查班时可通过照片和视频如实记录教师的保育工作情况,并定时在保教例会上播放,即时讨论、评价及反思。

(5)期末时可在家长中进行匿名问卷调查,了解各班级的保育工作情况,分析问题,拿出整改方案。

(6)学期保教总结会上,全体教师进行保育工作心得经验交流分享,幼儿园对保育工作成绩优异的教师进行奖励。

然后,关园长组织大家认真学习《幼儿园工作规程》,使教师们认识到"保教结合"的重要性与必要性。关园长说:"无论是1996年颁布的还是2016年修订的《幼儿园工作规程》中,第一条的内容都有'为了加强幼儿园的科学管理,提高保育和教育质量',第二条都说到了'幼儿园是对3周岁以上学龄前幼儿实施保育和教育的机构',第三条中也都要求幼儿园'按照保育与教育相结合的原则'来'实施德、智、体、美等方面全面发展的教育,促进幼儿身心和谐发展'。这些其实不仅仅说的是保教并重,而是进一步阐明了'保育先行'的原则。这些规范与标准都是我们工作的方向和目标!当大家对琐碎繁杂的保育工作不能高度认同的时候,我们就需要充分了解'什么是3—6岁儿童的学习与成长?''3—6岁儿童的学习与成长需要什么样的支持环境?'以及'他们生活的能力与发展水平如何?'这样的问题,如果能够理解儿童、读懂儿童,那么我们对'保教结合'的理解就会更加深刻了。"

教师们静静地听着,都觉得,保育工作存在的问题确实很多,不光是小方老师一个人的事啊。

三、按照规定执行,教师逐步认同

关园长说到做到,不仅步步跟进,还率先成为管理人员中第一个"示范"保育工作的,有关园长身先士卒,教师们不得不踏踏实实地做保育。尤其是在保育会上以视频形式展示保育工作时，有些保育工作做得还不太令人满意的教师，自己都觉得不好意思了。

在学期末的保育工作奖励会上，小方老师得了一个鼓励奖。她很高兴，更加清楚了自己的问题所在，能得到大家的肯定也是对她工作的最好总结。

【温馨提示】

在保教人员的学习中，教师经常有机会参与关于游戏、课程以及课题方面的培训，但保育工作的培训却甚少，所以幼儿园也要为教师多创造一些保育知识与技能的学习和培训机会，保证教师的保育能力与水平。

保育工作包含了对幼儿行为的观察分析、对科学养育幼儿的操作能力以及生活技能的创新等，无处不蕴藏着教育契机，教师只有做到保教合一，才能更好地在一日生活中了解幼儿的学习与发展，把握教育契机，有的放矢地为幼儿的发展创造机会和条件。所以关园长特别安排自己和其他管理人员定时深入班级，边实践指导，边发现问题。这也是改善保育工作管理、提高教师保育水平的可行的做法。

难题33：新手教师不熟悉幼儿园工作，园长该怎么办？

【案例再现】

A幼儿园（以下简称"A园"）是新办民办园，从筹备到开园这段时间，园长通过各种渠道广泛撒网招聘教师，总算如期开园。俗话说：万事开头难。由于是新组合的团队，从园长到管理人员再到教师，有不同的专业与工作背景、不同的个性特点与做事风格，工作开展起来困难重重，尤其是教师团队，令园长一筹莫展：20多名教师中，新教师占三分之二以上，只有4名教师有3～5年的工作经验，勉强算是胜任型教师。虽然开学前进行了为期半个月的岗前培训，从《幼儿园工作规程》《幼儿园教育指导纲要（试行）》《3—6岁儿童学习与发展指南》，到幼儿园管理规章制度、园所文化，再到保教规范、教学计划、环境创设等都有所涉及，可开学后面对个性不同的孩子、要求颇多的家长以及规范的保教要求，这些新手教师仍手足无措，工作状况频出。

在A园园长与几位新教师的交谈中，新教师坦言："我们真的很努力了，但总是出现问题，达不到要求。幼儿园工作烦琐，每天有秩序的教学活动、有组织的游戏活动和我想象中的简直是天壤之别，到底该从哪里下手？"青年教师普遍感到茫然、无所适从，高强度的工作使他们难以负荷，部分教师甚至有了离职的念头。

【案例分析】

学前教育事业的蓬勃发展，尤其是新建乡镇公办园和民办园的快速发展，导致幼儿园各岗位人员奇缺，加之地位与待遇偏低，无论园长、中层管理人员还是老师，都很难招到，目前许多幼儿园为解燃眉之急，跨层跨专业使用，有一点经验的优秀教师直接提拔成园长，刚毕业的学生或非学前教育专业毕业生直接成为正式教师或班主任。这些新教师普遍存在专业能力不足，对幼儿园课程内容、组织实施不清楚，对幼儿年龄特点与典型表现不了解，对班级与幼儿的管理不熟悉，与同行及家长的沟通交流不顺畅，职前所学理论知识与教学实践存在较大反差等情况，而要改变现状不是一天两天能够实现的。

A园园长意识到，对于幼儿园管理者来说，培养新教师队伍、保证师资质量是幼儿园尤其是新办园更为重要的问题。因此，她决定把培养新教师作为首要任务来抓，努力使他们尽快实现角色转变，化解理想与现实的矛盾，顺利度过适应期。

【解决策略】

一、抓契机，分层次，定规划

新教师上岗第一年是成长的关键期，环境非常重要，加强培训、创造学习型校园文化是新教师专业成长的重要契机。在全面观察、了解、分析、诊断的基础上，A园本着"因人而异，各取所长"的原则，制订了系统的新教师培养计划，提供合适的指导方案（包括培训目标、过程和评价），指导教师按照自己的特点与优劣势，结合全园教师培养规划，制定出自身的三年成长规划。培养的内容包括：职业态度与师德、专业理论与通识性知识、专业能力（班级管理、环境创设、各类计划制订、一日活动组织与实施、游戏活动组织、儿童行为观察与分析、保育及卫生规范、资源利用与开发、儿童观察与评价、家园沟通、教育反思及科研能力等）。同时，A园注意区分学前教育专业与非学前教育专业教师在不同领域的强项与弱项，指导教师有重点、分层次地制定成长规划。

二、师带徒，全参与，树自信

A园园长与中层管理人员分析了青年教师在工作中遇到的问题、困惑以及骨干教师严重缺乏的局面，决定充分利用幼儿园现有的教师资源（包括行政正、副园长，保教主任以及略有经验的几位骨干教师），启动全员参与的师徒结对活动，一对一、一对二结对，给每位新教师配备带教师傅，共同商讨制订带教计划和被带教计划，围绕教育教学计划的撰写、一日活动组织、班级管理、家长工作以及提升教育理念等全方位带教或蹲点指导，使新教师们快速地成长起来。苏霍姆林斯基强调："教师集体是一个志同道合者的创造性友好集团，这个集团中每个人都为集体的创造做出他的个人贡献；每个人借助于集体的创造在精神上得到充实，同时他又使他的同事们在精神上充实起来。"所以，要发挥教师们的专业强项，如音乐、美术、计算机操作等，让他们开展弹唱、即兴伴奏、儿童舞蹈、绘画、手工制作、多媒体利用等专业技巧的培训，使他们互培互助，发挥主观能动性，在实现自身价值的同时，也增强自信。

三、重日常，抓细节，观实效

在新教师占绝对比例的情况下，班级易出现混乱。带教老师应关注班级常规管理，如一日活动的作息时间安排和实施情况、幼儿安全教育情况、早操情况、吃饭以及午睡常规管理、入园接待与离园整理、家长交流等，通过随机检查、指导、抛出问题、对话交流、专题辅导等，帮助新教师提升班级管理能力。

四、重实践，深思考，看长远

新教师正式工作前，A园园长已通过专题讲座向新教师介绍了幼儿园的组织结构、发展情况、设施设备、薪酬福利、教职员工、园所文化、幼儿状况、规章制度等，发给新教师相关手册，帮助其明确幼儿园的正式与非正式规定，了解角色期待及一些必要的信息。在一段时间内按照计划对新教师进行教育理念、具体教学法和课堂管理、家长合作、儿童评估、特殊儿童管理、时间调配、教育资源的利用与开发等方面的培训，使新教师能够尽快上手。A园园长深刻感悟到教师专业成长中"道"与"术"的问题，认识到理论基础与教育科研才是教师成长的重要之"道"，因此，她经过筛选列出专业书单，购买大量专业指导用书，引领教师共读好书，并通过沙龙等形式，鼓励教师开微讲座，分享好书。同时，他指导教师将实践过程中的问题、困惑或经验，以及阅读中产生的思考感悟梳理成小课题进行研究，查阅文献并寻找解决方案，进而增强教师的问题意识，提升其教育科研能力。

教师的工作就其本身的逻辑、哲学基础和创造性质来说，本来就不可能不带有研究因素。通过不到两年的学习与培养，A园的青年教师养成了学习、读书、思考的好习惯，在教研活动、区域内各项展示竞赛中崭露头角。A园也逐步形成了学习型园所文化。

【温馨提示】

（1）园长是幼儿园的灵魂所在，优秀的幼儿园文化是教师成长的土壤。《幼儿园园长专业标准》明确地将"营造育人文化"作为园长的重要专业职责之一。建立学习型文化园所对于青年教师的成长至关重要。

（2）园长与管理人员应角色定位准确，成为青年教师的导师、支持者、引领者，帮助并指导青年教师了解工作，尽快适应工作，而非仅仅是检查者、督促者与批评者。

（3）在以新教师为主的幼儿园，园长的首要工作是"用好人"——认真了解每位教师的背景与特长，合理搭配组合，尽量使班组成员之间能够在不同方面形成优势互补。

难题34：教师们的理论水平不够高，园长该怎么办？

【案例再现】

最近，市级教育主管业务部门组织了一次论文比赛征集活动，霍园长在会上不断强调大家要积极参与，最终保教室提交了15篇论文参与评选。中午饭后，霍园长刚准备去参加幼儿园每周一次的教研会，手机里却来了一条信息，是论文评选组委会的王老师发来的："霍园长，你们交来的论文中随便抽查一份，查重率都超过50%！当然，这也是现在教师撰写论文存在的普遍现象。"想想平时，让老师们组织活动、排练节目甚至打扫卫生，大家都欢天喜地，但是，一到写每周的计划、教育笔记，每月工作重点，每学期的专题总结，还有个人和班级的计划、总结，尤其是写论文，老师们就头疼，园长也头疼。老师们为写不出来而头疼，园长为怎样让老师们写出来、写好而头疼。好端端的一个活动，创意能力、组织效果都没得说，但是让他们写方案、写反思，不是感到吃力，就是写出的东西词不达意，病句满篇。每一次论文征集活动都要不停催促，查重率高再次表明了教师的无奈——理论与文字功底太薄弱，这该如何是好？

【案例分析】

正如上述案例中评委发给霍园长的信息里说的，这种现象在幼儿园教师中普遍存在。而原因大致有以下几个方面：

（1）幼儿园教师的起始学历普遍偏低，在学校上学或在幼儿园接受培训时重技能轻理论的教育现状是导致教师文字能力薄弱、理论水平不高的最根本原因。

世界上许多教育发达国家对幼儿园教师的学历要求都很高,而现实中,社会以及幼儿园对幼儿园教师的职业能力认定仍停留在弹唱说跳画这些最基本的技能技巧上,理论学习被弱化,先天、后天的缺失共同导致了教师理论水平差的现状。

一般情况下,教龄3年以下的教师想尽快适应工作,积累教育经验是他们工作中的首要目标;教龄5年以上的教师会普遍认为自己已经是"经验型教师"了,有心想成长为研究型教师,但自身的理论水平很弱;而教龄10年以上的教师大多会产生倦怠感,特别是在岗位职务上不能得到提升的教师,在专业理论学习上也会缺少动力。

(2)幼教行业发展过快,教师工作负担过重是其无暇钻研理论、提高理论水平的最直接原因。

随着国家教育改革的推进,学前教育行业在近十年中受到空前重视,教师的工作负担也随之大大增加。教师既要面对新时代、新要求带来的教学挑战,又要应对各种计划、报告、观察笔记、心得、随笔、论文以及各类反思等诸多文案工作,除了正常的工作时间(带班)外,还要在工作之余花大量的时间来完善过程资料,事情多、任务杂,各种工作堆积如山,苦不堪言。要在规定的时间内完成大量工作,就只能快马加鞭,先保证数量。

(3)互联网时代的到来,网络这一"捷径"成了教师"学习"与"应用"理论知识的"绿色通道"。

为了及时完成作业,教师就打开计算机或者手机东挪西借、东拼西凑,这种现象比比皆是。

久而久之,教师的书写能力不断退化,教案书写、科研论文写作不规范,语句不通顺,标点符号使用不正确甚至提笔忘字司空见惯。此外,受网络(语言)的影响,教师的职业口语、教学用语、教育用语甚至交际用语都缺乏必要的规范性。霍园长有一次专门关注了教师们书写的个案记录，结果发现关于两个孩子的个案记录内容除姓名外几乎完全一样，可是他们明明不在一个班级……

【解决策略】

霍园长一方面为此感到焦虑，另一方面很清醒地认识到，提高教师的整体理论水平绝不是一朝一夕的事情。趁现在这支队伍还比较年轻，成长的空间还很大，要用"快"+"慢"的方式，双管齐下，提高教师们的整体理论水平。

一、加"快"提高学习意识，博览群书，积淀文化与专业理论

霍园长清醒地认识到这个"快"字不能先从教师那里下手。一定要从园长（自身）开始，尽快意识到教师理论学习的重要性，尽快引领、指导中层管理人员带动教师提高学习能力，尽快制订出行之有效的学习计划。此处的"快"主要是来自思想层面上的行动，也是起于管理层上的行动，即让所有教师先重视学习。

霍园长让保教室收集教师们理论水平差、文字能力薄弱的具体案例以及需要解决的问题，督促保教室了解每一位教师的实际水平并将教师分层分类，制订梯队培训的计划，从推荐文章读起，一直到共读好书，办读书分享沙龙。计划务实且能落实，避免了只做表面文章。

二、放"慢"学习的脚步，从做最基本的练习开启学习模式

1. 用批改作文的方式指导教师提高文字能力

霍园长做了示范：幼儿园每周五的园务会例会上，每位管理人员都要上交一份汇报表，这份A4纸张大小的表格里，要求简要地填写本周工作内容（总结）以及下周工作要点，用简练的语言表述清楚就好，手写（练字）完成。

每次收来汇报表后霍园长都用红笔逐字逐句批改，一段时间后，根据批改的红字多少，就知道大家是否进步了。相关部门可以定时定期运用此方式对班级教师的"作文"进行全面批阅，工作量过大的时候可以有目的性地抽查部分"作文"，各教研组长、班主任以此类推，逐层"审批"作业。

霍园长召集管理人员及全体教师，如实陈述了上次论文征集活动中的严重问题，又举例说明了诸多教师因专业理论水平不够而导致的学术不端问题。当会议室的电子白板上陆续出现一张张被圈点出来、存在问题的教案、教育笔记、观察记录等图片时，大家的笑声也慢慢地减少，直到最后会场里变得鸦雀无声。

霍园长轻轻地说了句："不吃饭则饥，不学习则愚，还是让我们一起努力学习吧！"

2. 通过不同途径激发读书的兴趣，培养阅读习惯

为了让教师们对阅读感兴趣，喜欢读书并通过读书提高能力，霍园长开启"强制"方式"逼"教师们读书。

（1）长年发放节日福利——书。幼儿园定时将书作为福利发放给员工，这些书不限于专业书籍，涉及不同类别、不同体裁、不同领域的书，以增强教师阅读好书的兴趣。

（2）以分享交流的方式上交读书"作业"。读书后必须分享，例如专题分享、各种例会前"化零为整"的分享，每次只安排1～2人，每人分享时长不超过5分钟，从"照本宣科"式分享逐渐过渡到脱稿交流，从提前准备到即兴发挥，从泛读到精读并提炼思想，要求表达准确，语言逻辑清晰。组织读书笔记的评价与分享、读书专题演讲会等，采取比赛的形式并以资鼓励，激发教师们读书的兴趣。

鼓励教师通过读书提高文字能力，必须一步一个脚印慢慢来，切不可急功近利。只要充分发挥读书的作用，帮助教师积累知识，就能逐渐提高教师的感悟和应用能力，为提高其理论水平奠定基础。

三、建立和完善教科研奖励机制，不断实现目标正强化

修改旧的奖励机制，增加奖励项目，提高奖励标准，刺激教师运用学习和读书的经验，多撰写论文、随笔、心得，多出教科研成果。同时也出台惩罚措施，对抄袭、剽窃他人文字，对个人及幼儿园造成不良影响的教师实行扣罚并纳入量化考核范畴。

【温馨提示】

近年来，由于学前教育发展迅猛，幼儿园教师缺口极大。各地高职院校、三本院校甚至中职院校纷纷开设了学前教育专业，但仍不能满足学前教育发展的需求。而且，当前幼儿园教师的文化与专业水平参差不齐。园长们明显感觉到，如今的许多大专生甚至本科生的专业态度与能力都不如过去的"老幼（中）师生"。原因有很多，除了"老幼（中）师生"接受的是教学基础与能力过硬的"师范教育"外，更重要的就是，当初他们是初中毕业后选拔出来的"优秀分子"，具备良好的学习基础与思维能力，这对他们的后续发展具有重要的影响。

虽然许多幼儿园有高学历优秀毕业生加入，幼儿园教师队伍的整体学力水平有所提升，但培养速度与质量远远赶不上事业发展的需求，造成教师队伍良莠不齐。虽然国家非常重视教师队伍的职后发展与培训，出台了一系列继续教育的政策与文件，但由于重视的程度与培训的力度不同，教师的专业能力依然不尽如人意。

园长应提高认识水平，以园为本，分析问题，查漏补缺。园长应努力创建学习型园所文化，引领青年教师多读书、读好书，逐步养成阅读的习惯与兴趣，提升应用写作能力与专业理论水平。"不积跬步，无以至千里"，教师的成长必须经过日积月累才能看见。

第四章

做个能拉手、会共育的园长

家长工作是幼儿园管理工作的重要组成部分,更是园长专业能力的重要体现。《幼儿园园长专业标准》中提出,园长要有"调适外部环境的能力",在家长工作中的具体表现为:"充分认识家庭是幼儿园重要的合作伙伴,积极争取家长的理解、支持和主动参与,促进家园共育。""掌握幼儿园与家长、相关社会机构及部门有效沟通的策略与方法。""指导教师了解幼儿家庭教育的基本情况,掌握家园共育的知识与方法。"在管理过程中,具有不同儿童观、教育观的家长,其自身的受教育程度、教育背景与价值观影响着他们对孩子的教养态度和对幼儿园工作要求的配合程度。常有家长不理解或不配合幼儿园工作,要求提前学习"小学化"内容,以不让孩子在幼儿园"吃亏",对教师的工作产生误解或不信任,与其他家长发生争执等,甚至有些家长遇到事情要挟幼儿园、无理取闹……此时,园长的角色不仅仅是家庭教育的共育者、引领者、指导者,更是两方面关系的沟通者、协调者,既要关心家长,理解他们的处境与诉求,又要坚守正确的教育理念,维护教师的尊严与权益。因此,园长必须有敏锐的洞察力、同理心、与家长沟通的艺术与亲和力以及解决问题的策略与方法,才能使家长成为推动幼儿有效发展的"合力"而非"阻力"。

附：《幼儿园园长专业标准》园长专业职责之"调适外部环境"

专业职责		专业要求
六、调适外部环境	专业理解与认识	51. 充分认识家庭是幼儿园重要的合作伙伴，积极争取家长的理解、支持和主动参与，促进家园共育。 52. 重视利用自然环境和社会（社区）的教育资源，扩展幼儿生活和学习的空间。 53. 注重引导幼儿适当参与社会生活，丰富生活经验，发展社会性。
	专业知识与方法	54. 掌握幼儿园与家长、相关社会机构及部门有效沟通的策略与方法。 55. 熟悉社会（社区）教育资源的功能与特点。 56. 指导教师了解幼儿家庭教育的基本情况，掌握家园共育的知识与方法。
	专业能力与行为	57. 建立幼儿园对外合作与交流机制，开放办园，形成幼儿园与家庭、社会（社区）及园际间的良性互动。 58. 面向家庭和社会（社区）开展公益性科学育儿的指导和宣传，利用家长学校、家长会、家长开放日等形式，帮助家长了解幼儿园保教情况。开展家庭教育指导，注重通过多种途径，转变家长教育观念，提高家长科学育儿能力。 59. 加强幼儿园与社会（社区）的联系，利用文化、交通、消防等部门的社会教育资源，丰富幼儿园的教育活动。 60. 引导家长委员会及社会有关人士参与幼儿园教育、管理工作，吸纳合理建议。

第四章　做个能拉手、会共育的园长

难题35：家长强烈要求幼儿园"小学化"，园长该怎么应对？

【案例再现】

韦园长上午在教育局开会，会议结束，她本能地拿起手机翻看信息。保教副园长发来的一条长信息映入眼帘："园长，会议结束了吗？中班家长20多人来到保教室，一致要求下学期孩子上大班时学习拼音和生字。我们费尽口舌，家长不依不饶，非要和您亲自沟通。我们说您正在开会，结果家长们坚持要等您回来……"

韦园长看完立即回复了副园长："告诉家长，我马上回幼儿园。"

近几年来，不时有家长来园找保教室的负责人或园长谈大班教学内容的事。上周就有两名大班幼儿的家长在保教室抱怨说，孩子不学拼音、生字，天天离园后在外面上辅导班，家长下班后还要送孩子上课，劳累又无奈。保教室的几位负责老师做了一番解释工作。但如这次这般"大规模"的情况还从来没有出现过。韦园长意识到，这次突然被家长"约谈"，说明他们肯定是有"组织"的。首先不能让这么多家长"扑空"，那样他们的心理落差太大，更有怨气，再说家长们的苦心她也是非常理解的。

于是，韦园长迅速回到幼儿园，与保教室的三位负责人一起同家长进行了推心置腹的交流。交流结束时，已经快到13:00了。

【案例分析】

近年来,随着学前教育三年行动计划的实施,幼儿园的内涵与质量越来越被重视。在幼儿园教育中,保教人员关注"以游戏为基本活动",践行"一日生活皆课程"的理念,落实《3—6岁儿童学习与发展指南》在一日生活中的运用与实施,幼儿的发展清晰可见,但幼儿园教育"小学化"的现象依然突出。据调查,某区(县)开设拼音识字教学的幼儿园占比达82%,开设英语、传统文化、阅读等课程的幼儿园占比过半。农村幼儿园的家长更是要求幼儿园提前教授一些"立竿见影"的"知识",让孩子提前学习小学的知识与内容。教育部2011年发布《关于规范幼儿园保育教育工作防止和纠正"小学化"现象的通知》,2018年7月又发布《关于开展幼儿园"小学化"专项治理工作的通知》,后者明确提出:一是严禁教授小学课程内容,社会培训机构也不得以学前班、幼小衔接等名义提前教授小学内容;二是纠正"小学化"教育方式,避免以课堂集中授课为主安排一日活动;三是整治"小学化"教育环境,要求充分利用自然资源,合理创设活动区域,开展自主游戏;四是解决教师师资能力不合格问题,提高教师科学保教能力;五是小学坚持零起点教学,严禁超前超标教学。

笔者认为,幼儿园教育"小学化"的原因复杂,有城市与农村之分,有教师专业与非专业之分,有幼儿园是否愿意投入资金购买丰富的玩教具之分。第一,随着城镇化进程的不断加快,城市、乡镇基础教育的优质资源不能满足人民的需求,择校问题成为突出问题,家长迫切要求幼儿园能够提前教授一些拼音、识字、英语等小学的知识与内容,造成某些城市幼儿园为满足家长的需求而开展"小学化"教学。第二,部分农村或城市教师未经过专业训练,对于什么是幼儿的学习、幼儿该学什么、幼儿通过什么途径学习不理解,保教能力不足,不善于按照幼儿身心发展特点和规律组织或开展游戏活动,容易进行"小学化"教学。第三,幼儿园资金投入不足,不能配备丰富的玩教具或游戏操作材料以支持幼儿的学习与探究活动，于是统一开展以集体教学为主的一日活动，教学内容属于"小学化"的范畴。

【解决策略】

一、认真倾听，了解需求

韦园长觉得，和这么多家长交流不能一开始就拿《幼儿园教育指导纲要（试行）》《3—6岁儿童学习与发展指南》甚至《幼儿园工作规程》来说事儿，更不能一开始就说今天上午教育局开会的内容就是强调"规范保教行为，禁止小学化"的要求。当今家长在幼教方面了解的信息与资源很多，甚至比幼儿园教师还要敏感，他们不缺这个层面上的信息。

韦园长先十分真诚地说："抱歉，让大家久等了，你们要是提前说一声，就会免去等待的时间。今天大家要谈的话题保教副园长已经告诉我了，我深表理解。各位家长一直都很支持幼儿园的工作，但我们在一起说话的机会很少，今天刚好借这件事多聊一聊，大家彼此增进了解。"

家长们开始你一言我一语地说起周围的幼儿园如何教授拼音、生字、数学，以及孩子升学将面临的困境，如：邻居家的孩子从这所幼儿园毕业没有考上A学校，家长找人花钱才勉强进了该校；B学校开学一个月就教完了所有的拼音；C学校一周就教完了20以内的加减运算题，朋友的孩子跟不上了，等等。也有的家长表示知晓政策，但幼儿园就是解除家长后顾之忧的，希望幼儿园在孩子择校的问题上给予更多支持。还有的家长说，这样下去，孩子们学不到东西，肯定会影响幼儿园的生源。

韦园长认真倾听，让家长先一吐为快，她则认真用笔记录，对家长说到的一些问题及建议及时表示肯定和感谢。

二、剖析原因，直面问题

等家长们的情绪略微稳定下来后，韦园长没有直接说幼儿园会怎么做，而是从"您想让孩子将来上哪一所学校？"这个问题开始了解家长的想法。她逐一让家长说明自己的孩子大班毕业后择校的去向。其中有个别家长有些为难，不愿在公开场合说"私事"。韦园长也表示了理解，并说现在竞争很激烈，上名校很难，继而很认真、严肃地问家长："大量家长选择让孩子上'五大名校'。为什么要上'五大名校'？"

有的家长显得不耐烦，认为韦园长是故意卖关子，不想涉入正题。于是，韦园长毫不犹豫地说出了一句话："我们年年都对大班毕业生家长进行跟踪调查。在选择名校的问题上，大家可能想不到，答案最多的选项竟然是'为了面子'，也就是说，将来孩子上了名校之后，朋友和同事问及的时候，家长觉得孩子上了名校自己脸上很有光彩。"

家长们确实没想到韦园长会说出这种观点，一部分人先是一怔，继而本能地表示了默认，有的人自嘲地笑了笑，有的人则摇了摇头，还有的人表示感到很意外，没想到园长会这样说。

韦园长结合每年的跟踪调查结果（经验）详细地分析了上名校的好处，如名校的办学条件好、教师能力强、学生视野开阔，也客观地表述了跟踪的往届毕业生家长对名校的不同感受和体悟，如学习负担过重，已导致在幼儿园阶段就要提前学习小学阶段的知识，所以孩子从幼儿园大班时就要早早起跑，显然很不符合他们的年龄特点和发展规律。"因此，孩子未来能否在名校适应繁重的学习生活，家长们必须要结合孩子的实际情况合理地帮他们选择。""实不相瞒，我的孩子几年前就没有选择上名校，而是选择了离家近、课业相对轻松的一所学校，孩子生活学习有规律，很快乐，非常喜欢上学。"

三、科学引领，了解儿童

接下来，韦园长向家长们又一次简明扼要地解释幼儿园阶段与小学阶段的学习特点与方式的不同，以及幼儿园阶段到底如何为"入小学做准备"。"小学化"的内容抽象、概括，学习方式严格划一，要求幼儿安静、听话地坐在教室里，学习汉字、数学、英语等课程，在一定程度上压抑了幼儿的天性，不利于幼儿的身体发育，也不利于其心理发展，可能让幼儿产生厌学的心理。幼儿教育"小学化"是将小学内容提前教授，很多内容与小学低年级内容重复。同时小学也在调整学习大纲，与幼儿园做到科学衔接。

幼儿园阶段是孩子的情感、认知、动作发展、语言表达、审美、想象力、创造力等发展的关键期。幼儿阶段进行"小学化"教育有几个弊端：一是违背了儿童发展规律，使孩子牺牲了多方面发展的机会；二是过于超前训练的意义不大，有些知识和技能在孩子成熟到一定程度后再学习就轻而易举；三是训练者急于求成的浮躁心态和所运用的强制性方法对孩子会产生不利影响，孩子被压抑兴趣且经常焦虑，久而久之将不利于孩子的健康。所以"小学化"从某种程度上说是扼杀了幼儿无忧无虑的童年，不利于幼儿健康快乐地成长。同时，韦园长又拿出一张"幼小衔接班"的招生广告，就其中"语文"（拼音、写字）、"数学"（50或100以内加减法）的内容向家长说明科学的幼小衔接到底应该包括哪些内容。

最后，韦园长向家长展示幼儿园教学目标及内容，重点解读大班阶段幼儿园在学习时间、内容、方式上如何调整过渡，重点关注孩子学习兴趣、学习能力与学习品质方面的培养。例如大班幼儿语言领域的学习，让孩子关注倾听与表达，做早期阅读与早期书写的准备，让孩子合理、科学地阅读，关注文字符号，养成喜欢阅读的良好习惯等。

四、审视课程方案，落实幼小衔接

送走家长，韦园长和保教副园长、保教主任、教研主任以及3个年级的教研组长迅速开会，研究要立即解决的问题：

（1）按照《3—6岁儿童学习与发展指南》的要求以及大班幼儿的身心特

点和现有水平，从学习内容、学习能力、学习方式、作息时间等方面审查并调整大班的课程方案。

（2）调整家长学校的时间和内容，月底为大班家长开办专题讲座《孩子入学前，你怎样做家长》，学期末为中班家长开办专题讲座《如何做一名"新大班"的家长》。

（3）邀请家长参与公开活动以及家长助教和志愿者活动，以便家长进一步了解幼儿园教育教学活动是如何科学促进幼儿身心全面发展的。

后来的事实证明，韦园长上述的方法与策略起到了积极作用，大部分家长对幼儿园的教育理念以及幼儿园实行的一系列措施表示了理解和认同。

韦园长还在学期末再次就新学年幼小衔接工作的开展与相关负责人及大班教师进行了讨论反思，重新修订了幼儿园幼小衔接方案，认为应在教育理念以及幼儿身心发展规律方面多给家长提供专业的育儿知识，大力开展宣传工作，从而形成良好的社会效应。

当初韦园长与家长做了沟通，赢得了大部分家长的理解，但仍有 4 名中班家长在学期末选择了让孩子离园。次年春季开学，这几名家长强制孩子在社会上的一些"幼小衔接"全日班里上了一学期的课，因孩子越来越排斥上培训班，家长又找到韦园长，想让孩子返园，可是因他们离园后有新生入园，幼儿园不能超编，故韦园长表示遗憾，客气地拒绝了家长的请求。

【温馨提示】

幼儿园是真正解除家长后顾之忧的地方，是为家庭和孩子提供教育和服务的场所，"幼儿园应与家庭、社区密切合作，与小学相互衔接，综合利用各种教育资源，共同为幼儿的发展创造良好的条件"。因此，在幼小衔接的问题上，幼儿园（园长）更应该具备客观、科学的态度，既理解家长的需求与无奈，也本着尊重、平等、合作的原则，帮助家长提高教育能力，实现真正意义上的家园共育。

上述案例中，韦园长没有摆出高高在上的姿态（有一所幼儿园的园长说过"像我们这样的幼儿园，你不上又怎么了？想上的人多的是！"这样的话），更没有敷衍家长，而是从幼儿的发展和家长的家庭教育理念出发，积极引导家长，从而获得家长对幼儿园的支持和理解。

管理过程是管理者为了实现预定的管理目标，按照计划有步骤地组织全体成员进行活动的过程。一般情况下，管理过程必有计划、执行、检查、总结四个阶段，但在具体的实操过程中，不一定按部就班，要根据事情的发展与改变迅速做出应对。也就是说，要学会变通，虽然临时改变了最初的计划，但距离管理目标的实现却越来越近，甚至还会事半功倍。

而最重要的是，韦园长没有只停留在向家长进行解释的层面上，而是带领团队认真讨论分析，调整管理过程，落实管理举措，虽然未能达到所有家长的期望，但她务实的做法赢得了家长对幼儿园的信赖，这也有利于幼儿园形成良好的社会口碑。

园长要认准管理目标，积极投身于管理过程，在管理中既能把握原则，又能灵活处理各类突发状况，只有这样，幼儿园工作才能稳步向前。

后来，韦园长以生源饱和为由拒绝了反悔的家长，表面上看韦园长不够"人性化"，但这体现了幼儿园（园长）坚持自身教育理念的态度，既是对幼教政策贯彻执行的体现，也彰显出幼儿园"不卑不亢""自尊自爱"的"园格"。尽管此事只涉及了几个人，但一定会在其他家长中产生效应，使盲目跟风的家长或者想"立竿见影"的家长不得不反思自己，这也从另一个角度教育了家长，促进了幼儿园家长工作全面、有效地开展。

难题36：农村家长不配合幼儿园的教育工作怎么办？

【案例再现】

洪曲镇（某）中心幼儿园是按照第一期三年行动计划新建的幼儿园。幼儿园占地近3000亩，硬件条件均已达标，12个教学班可容纳镇上的适龄儿童。但最近，家长委员会反映家长们很有意见，认为公办园不如民办园教得好，回家问孩子学了什么，总是说不出来，每天老师也不布置家庭作业，周边一些民办园给孩子教拼音、识字、算数、古诗，而公办园却什么也不教，这样的幼儿园还不如不上……

一大早，凡凡的奶奶就气势汹汹地跑到园长办公室，问及原因，原来是上周老师让小朋友从家里带两盆用各种方式种的大蒜头，这周又让家长帮助孩子在家种黄豆和绿豆，还让家长帮助孩子缝个沙包带到幼儿园，上个月还曾让家长带孩子到城里坐公交、地铁，尝小吃……总之，这一年来，幼儿园尽给家长找事，没完没了地要家长帮忙，一来把孩子送到幼儿园没看到孩子学了什么，二来幼儿园准备教学材料是老师的事情，不是家长的事儿……

果果的爸爸妈妈进省城打工，每天都由爷爷奶奶接送。最近班主任老师发现果果上课总是把脚跷在桌子上，一会儿动动旁边的雯雯，一会儿发出怪声，而且个人卫生极差，似乎好久都没有洗澡了，衣服也不换……跟果果的爷爷奶奶沟通了几次都没什么效果，孩子在幼儿园里的情况老人也从不过问，只是每天例行公事似的接送果果。

【案例分析】

近年来，随着《国家中长期教育改革和发展规划纲要（2010—2020年）》的颁布与实施，我国"重点发展农村学前教育""努力提高农村学前教育普及程度""着力保证留守儿童入园"，农村学前教育得到了长足的发展。但由于农村幼儿的家长文化素质偏低，对于学前教育的认识不足，留守儿童数量多，祖父母的看护和养育能力不足，导致农村幼儿园家长工作问题突出。具体表现在：

（1）农村家长对学前教育的认识不足。由于农村家长学历层次偏低，加之过去对学前教育的了解不足，认为孩子入幼儿园就是"吃好玩好"或者为入小学"做学习上的准备"，提前学习拼音、识字、做算术题，甚至学习珠心算、手心算等。他们不知道学前期儿童身心发展的关键期与认知特点，不了解幼儿园教育内容与任务，不认同幼儿教育与幼儿园教师的专业性，因此，教师在与家长沟通的时候，想扭转家长根深蒂固的观念很难。

（2）农村家长的"期待"有偏差。随着国家学前教育事业的发展，家长对幼儿学前阶段的教育重视程度越来越高，对孩子的期待值也随之提高。家长期望通过幼儿园教育"让孩子赢在起跑线上"，对幼儿园提出许多"课程要求"，每天回家总要看到孩子立竿见影的"学习效果"。他们不了解学前期孩子应当学什么、了解什么，学习的特点与方法是什么。

（3）不能与幼儿园保持教育的一致性。家长不明白教育孩子的责任，不了解家庭教育是终生的，其对幼儿的学习与发展影响巨大。部分家长认为，把孩子送进幼儿园，孩子的身心发展和行为习惯培养都应由幼儿园负责，他们极少甚至从不过问孩子在园的行为表现，更有甚者，把对孩子的教育责任都推给幼儿园。当教师要求家长带领幼儿体验社会规则、观察大自然、开展种植养殖活动或从生活中寻找教育资源时，家长不能很好地配合，甚至认为幼儿园"推卸责任"或给家长找事。

（4）留守儿童家长"默然"。农村留守儿童数量多，留守儿童家长的教养态度问题也很突出。祖父母文化层次偏低甚至是文盲，加之年纪偏大，对孙辈早期教育的重要性认识不足，对孩子的身心特点、科学的育儿方法等缺乏全面、系统的了解和认识，加之受生活环境、传统观念等因素的影响，家庭教育观念比较陈旧，宠多于教，爱多于严，与现代教育观念存在较大差异。部分祖父母由于年龄或身体原因只负责接送孩子，无法使孩子得到心理与情感的满足，更无法达到幼儿园提出的其他共育要求。

【解决策略】

一、"打铁还需自身硬"——提升教师的专业性是"根本"

现代社会，家长已不仅仅是一种角色和称谓，而是一种社会职业，承担着为社会培养人的职责。而作为职业人的家长，没有一个是取得了"家长任职资格证"才做家长的。很多家长并不知道怎样做家长，尤其是怎样做称职的家长，这就需要幼儿园担负起教育、影响和引领家长的职责。因此，在面对家长的困惑、问题、错误理念甚至不合理要求时，教师一定要发挥专业引领作用，不可以应付、迎合、不屑一顾。

《幼儿园工作规程》明确指出，"幼儿园的任务是：贯彻国家的教育方针，按照保育与教育相结合的原则，遵循幼儿身心发展特点和规律，实施德、智、体、美等方面全面发展的教育，促进幼儿身心和谐发展。幼儿园同时面向幼儿家长提供科学育儿指导。"一支专业的教师队伍是做好家长工作的关键，可让家长信服教师的专业性，了解孩子在幼儿园学习与发展的内容到底是什么。教师应引导家长认识到，不学拼音、识字等"小学化"内容，而是让孩子愿意主动阅读、专注观察、学会文明交流、养成良好的生活卫生习惯、对周围和大自然的各种形态的美敏感、喜欢欣赏与表达等，对孩子的长远发展更有利。教师应定期召开家长会，宣传介绍幼儿园的课程，分析解读幼儿在园的学习与发展，随时随地宣传、指导家长实施科学保教，让家长对幼儿园的教育信服，对教师的要求"言听计从"。

二、"知其所以然"——家长教育是"必然"

一是每年教育部组织开展学前教育宣传月活动，专家们制作与"游戏——点亮快乐童年""我是幼儿园教师"等主题相关的公益宣传片和电视访谈节目，幼儿园可组织家长集体观看并讨论；二是按照计划与需求聘请专家现场互动并举办讲座；三是幼儿园定期举办"园长讲坛"，园长亲自举办讲座，或邀请有经验的保教人员、卫生保健人员举办讲座，进行宣传教育；四是组织家长沙龙活动，交流育儿经验；五是开设现代媒体平台，利用校园网、微信等宣传科学育儿知识。

园方要结合幼儿园的办园宗旨和理念、幼儿园的学期工作目标，针对家长中存在的有偏差的教育思想和教育观念、独生子女家庭在教育孩子时的误区等，定期举办家长学校的讲座，让家长及时了解幼儿园工作的思路、侧重点、教育的终极目标等，明确家庭应该配合和支持幼儿园的工作、如何配合等。同时，针对家长中存在的一些有偏差甚至错误的教育观念，提出科学的、有益的教育建议，帮助家长掌握正确的教育方法、教育理念，了解必要的儿童心理、儿童健康、儿童教育等方面的知识以及教育理念等。班级或年级组要结合教育主题、教育目标，定期召开家长会，向家长介绍近期的教育内容，指导家长配合教学工作，甚至可以开展教学展示活动，给予家长示范。

宣传与教育活动内容可根据家长的认识理解水平确定难易程度，可涉及《3—6岁儿童学习与发展指南》、儿童心理、良好行为习惯养成、良好家风和家庭氛围形成、儿童营养保健常识、健康食谱以及烹调方法、突发意外事故处理与急救方式、早期阅读及指导方式、早期智力开发游戏指导，等等。

三、"融入其中"——家长助教是"途径"

邀请不同的家长群体参与到不同的教育活动中，有效地利用家长中的优质资源。例如：医生、警察、军人、空姐、教师等不同职业的家长，担任助教进入孩子们的课堂，为他们带来了更加专业、更加清晰的职业宣讲；善表演、善讲述的家长参与社团活动，为孩子们奉献了一个又一个的童话剧、经典绘本故事；爷爷奶奶也不甘示弱，他们中的很多热心人协助教师把孩子们的"开心农场"打理得井井有条、生机勃勃。除此之外，大型活动中的摄影和安保、运动会的材料制作、"六一"演出的道具准备等，都有家长志愿者来园支持与协助……对于那些有热情又有一定专长的家长，可定期邀请他们来幼儿园帮助教师组织活动、开展保育工作。

总之，请家长进入幼儿园，可使家长深入了解幼儿园"课程"与"组织实施方式"的不同，看到幼儿的学习与发展是在"直接感知、动手操作、亲身体验"中完成的，感受到幼儿园教师组织幼儿一日生活与学习的辛苦与不易，进一步理解孩子的"学习"。如此，家园关系更加和谐，幼儿园的办园理念、教育思想、活动安排、教学内容、教育目标等，更容易得到家长的认同，他们更愿意配合，从而真正实现家园共育。

四、"家园一致"——榜样示范是"身教"

家庭是影响孩子的重要场所，家长是孩子的第一任教师，家长的言行、态度直接影响着孩子行为习惯的养成。孩子的家庭背景和学习成绩有很强的相关性，1966年美国《机会均等调查研究报告》表明："原以为黑人学生的文化教育水平低是学校的办学条件造成的。调查结果却发现，黑人学校和白人学校在校舍设施、教师工资等有形条件上的差距，并不像人们想象的那么大。"孩子90%以上的素质，是由父母决定的！《幼儿园工作规程》指出："幼儿园应当主动与幼儿家庭沟通合作，为家长提供科学育儿宣传指导，帮助家长创设良好的家庭教育环境,共同担负教育幼儿的任务。"幼儿园应定期召开家长会,让家长了解近期教育目标与学习内容,指导家长在家庭中创造学习环境、培养孩子的习惯,做到家园教育一致。

【温馨提示】

家庭是幼儿园重要的合作伙伴。在教育组织系统中,学校、家庭、社会三者缺一不可。《幼儿园工作规程》《幼儿园教育指导纲要(试行)》和《3—6岁儿童学习与发展指南》中对家庭在幼儿教育过程中所起的作用都有明确的论述。家庭和幼儿园只有构建合作伙伴式的家园关系,才能实现教育目标的最大化。幼儿园应当主动与幼儿家庭沟通合作,为家长提供科学育儿宣传指导,帮助家长创设良好的家庭教育环境,共同担负教育幼儿的任务。园长要利用各种机会,晓之以理,动之以情,争取家长的理解、包容、支持、配合、协助,应让家长明确:幼儿园和家长始终乘坐同一辆巴士,驶向同一方向——支持孩子健康快乐成长!

难题37：当幼儿间发生"矛盾冲突"，家长出面"解决"时，该怎么办？

【案例再现】

案例一：一天下午离园时间，张园长正在办公室处理手头的工作，门卫师傅冲进办公室喊："园长，快去看看，两个家长打起来了！"张园长顾不上问清缘由，就跟着孙师傅来到了操场。这时，打架的家长已经被其他家长拉开，正面红耳赤地爆粗口，孩子在一边吓得直哭。经了解，原来是两个孩子在滑滑梯时，其中一个推了另一个，并抢先滑了下来，那个被推孩子的爸爸不乐意了，上前推搡并训斥推人的孩子。推人孩子的家长冲过来理论，没说几句，两人便打了起来……

案例二：一个周一的早晨，入园时间，张园长刚到办公室不久，忽然听到一楼大班的走廊传来很大的争吵声。墨墨的妈妈说，三年的幼儿园生活里墨墨总是被萱萱欺负：萱萱不是拉着其他小朋友不和墨墨玩，就是抢墨墨的玩具；不是排队时把墨墨挤到后面，就是吃饭时把不爱吃的东西放到墨墨的碗里……前一天下午游戏时萱萱又推搡了墨墨。墨墨妈妈气不过，早上送孩子时正好碰到了萱萱的妈妈，想和她理论理论，希望她能够"管教"女儿。没想到萱萱的妈妈认为，小孩子的事情，让她们自己去解决，大人何必大惊小怪……于是两个人就吵了起来……

【案例分析】

类似的案例在幼儿园时有发生，每位园长都可能碰到过。造成这种情况的主要原因有二：一是在当今社会，中国家庭中的孩子多为独生子女，为数不少的家长见不得自己的孩子受委屈，也不给孩子自己解决同伴间纠纷的机会，遇到问题家长直接出面，有的当着孩子的面争吵、爆粗，有的大打出手，更有甚者找来七大姑八大姨，不依不饶，小事闹大。二是个别家长急躁，遇事不冷静，简单粗暴，动辄用武力解决问题。

【解决策略】

一、利用家长课堂，先行开展教育，做好事前有效预防

每一届新生入园前，幼儿园都会安排两个半天的家长课堂，一次是侧重入园准备和入园心理分析，一次是侧重孩子在幼儿园阶段的年龄特点、行为表现以及家长在园的行为规范，其中，会涉及孩子间常发生的矛盾冲突、冲突的原因分析以及成人的应对措施。借助于鲜活的案例和深入的剖析，帮助家长了解3—6岁儿童的年龄特点和行为表现，让家长明白成人不能用自己的价值判断给孩子的行为贴标签，在孩子的世界里没有欺负与被欺负的概念。他们因为生理和心理的不成熟、语言发展的不完善、社会性水平不高，缺乏与同伴沟通和交往的正确方法，导致同伴间的冲突时有发生。但同时，孩子的社会性能力正是在不断地尝试自己解决与同伴之间矛盾的过程中逐步发展起来的。家长应该把这个权利和机会交给孩子，不要介入孩子间的事情，相信他们有能力解决自己的问题。

二、遭遇冲突发生，立即出面制止，做好事中有效控制

家长因孩子间的问题在园内发生口角、争执或动手，园长应该第一时间到现场（园长不在，则园方负责人到现场），强行要求家长停止不理性行为，简单了解事情发生的缘由，劝离主动挑起事端的一方，留下另一方进行必要的安抚、劝慰，耐心倾听其表达委屈、愤怒、怨恨等不良情绪，并真诚地表

示理解，使其平复心情后离开幼儿园，有效控制事态的进一步发展。如上述案例一中，张园长请旁边的老师配合劝回推搡孩子的家长，将被推搡孩子的家长拉开，带他到办公室坐下并好言相劝。一般没造成什么后果的小事，家长也就不再追究了，甚至有的家长还会不好意思，表示给幼儿园添麻烦了。

三、邀约挑事一方，来园深度沟通，做到事后有效处理

挑事的一方作为主要责任人，是解决这个问题的突破口，一定要在其冷静之后再进行沟通。园长可在第二天打电话与其约定一个时间来园面谈。一般情况下，可首先请家长谈谈事情的原委，说出他当时的想法和事后的态度，反思自己的行为，给他一个倾诉的机会。往往主要责任人在冷静一段时间之后，都会对自己当时的冲动和不理智行为表示后悔。这样一来，再晓之以理，动之以情，要求其向对方家长道歉，一般都比较容易被接受，双方家长也能够化干戈为玉帛。之所以要在发生事情的现场首先劝离主要责任人而留下另一方进行安抚，是因为当场指责、批评、埋怨，主要负责人有可能因为在气头上而不愿意接受劝告，反而不利于双方矛盾的化解，不利于问题的解决。在上述案例一中，张园长第二天约那位推搡孩子的家长来园，还没开口，他就给张园长道歉，承认他太冲动。看到他已经意识到自己的不对，张园长就趁机批评他处事冲动、做法鲁莽、缺乏涵养（当然，园长与这位家长的年龄相差较大，作为长者，说话也就比较有分量），同时告诉他：小朋友之间游戏时推推搡搡、插队抢先是常有的事。孩子在经历这些事件的过程中，自己也在成长。这些问题，家长应该交由孩子去处理解决，要相信孩子有这个能力。如果遇到问题，家长就出面解决，孩子会遇事退缩，依赖家长，也不利于培养孩子与同伴交往的能力。希望以后遇到类似的事情时家长能够保持冷静，防止在气头上做出不理智的行为，造成不必要的麻烦。

四、开展学习教育，强化内部管理，细化班级常规要求

每一个反面案例都是对教师开展学习教育的良好素材，园长要善于捕捉、敏感察觉，组织教师深入分析事件背后的深层原因，讨论能否通过细化班级常规要求、加强班级管理有效规避孩子间的纠纷、伤害，从而减少类似事件的发生。

【温馨提示】

（1）处理家长之间的冲突要讲究方法，切不可莽撞、冲动、简单急躁、急于求成。给家长冷静的时间，也是给自己思考问题和寻求有效方法的机会。

（2）园长要善于分析和思考现象背后的本质。

难题38：如何应对"喜欢闹事"的家长？

【案例再现】

早晨10点多，孩子们进行户外活动的时候，保教室李老师接到一个电话，说是大一班的一个家长有急事，让班主任任老师给她回个电话，她打了无数遍任老师的手机，都是无人接听。因为幼儿园有规定，上班时间，教师不能随便使用手机拨打电话，加上忙碌，所以任老师根本就没有听见。

任老师一看手机，发现小路的妈妈好心提醒她赶快看一下班级微信群。任老师一看班级微信群就愣住了。原来尚尚的妈妈9点多就在群里晒了一张照片，是尚尚的一件白色上衣，胸前有一点淡淡的污渍。她在群里质问老师："我孩子洒到白衬衣上面的黑米稀饭洗不干净，说明幼儿园的黑米有问题！请老师把此情况转达幼儿园领导并给个说法。"

微信对话跟帖的是小路妈妈，她提醒尚尚妈妈说："应该能洗掉的，你再上网查查小窍门。"其他家长你一言我一语："现在食品安全问题那么敏感，幼儿园可一定不能给孩子们吃假黑米呀。""前两天媒体就报道，有的幼儿园给孩子们吃发芽的土豆，这所幼儿园平时给孩子们吃得很好，应该不会吃假黑米吧。""那也说不定呢，前两天报道的吃发芽土豆的是一家很有名气的公办园呢！"尚尚妈妈更激动了，说："黑米肯定是假的！我们家给孩子也吃黑米稀饭，还没有洗不掉这种情况。幼儿园必须给个说法，否则我就找园长解决！"

【案例分析】

"医闹"是这几年经常听到的一个词语。其实，在幼儿园里各种"园闹"也层出不穷，轻则来幼儿园吵架，重则告到媒体、法院。有一项调查显示：幼儿园园长的工作危机就是碰到"园闹"。在这个案例中，尚尚妈妈的行为就是"园闹"。她在不了解事实真相的情况下，对幼儿园食品安全妄下定论，造成了不良的影响。

作为园长，都希望家园之间形成合力，共同教育好孩子，而不希望彼此总是站在对立面上，成为"甲乙双方"。但是家长却往往存有太多的担心与疑虑，认为幼儿园收了"我"交的保教费，就是"商家"，"我"就是消费者，消费者就应该让自己花出去的钱买来的商品物有所值，总是担心自己和孩子会吃亏上当。

当家庭与幼儿园之间缺乏信任时，幼儿园必须主动"出击"，引导家长，并在家长中广泛宣传幼儿园科学、先进的教育理念，这些也是园长的职责之一。优秀的幼儿园管理者，除具有较高的专业知识水平外，还必须具有很强的任职能力，在各种事件中，既要反应迅速，积极应变，也要能调整思维，及时修补疏漏，更要敢于决策，大胆管理，想办法将事件对幼儿园的影响降到最低。

【解决策略】

一、自信不疑，沉着回应

任老师慌慌张张地拿着手机找到保教主任，问她应该怎么回复。保教主任说，赶快先告知园长吧。郑园长看了微信群的对话，拍拍紧张的任老师，安慰她说："别怕，先在群里回复，就说请大家不要担心，幼儿园的黑米不可能有假。幼儿园会给大家一个满意的答复。"郑园长又补充说道："必要的时候，可含蓄地表达，若随意散布假信息，是要负法律责任的。"

任老师回复后，尚尚妈妈立即问道："那什么时候答复？"郑园长示意任老师暂时缓一下再回复，先到班上了解并确定尚尚的衣服是什么时候洗的。任老师快走到教室门口的时候，尚尚妈妈又在群里说话了："不敢答复就说明幼儿园没有底气，我有朋友在食品行业工作，我可以带人帮你们鉴定真假。总之，我要到你们的厨房去看个究竟，反正幼儿园不能敷衍我们家长！"她摆出一副幼儿园不马上答复决不罢休的姿态。任老师实在忍不住，就回复了两句："尚尚妈妈，这件事情非同小可，我们都需要为自己说出的话负法律责任！再说了，这是班级微信群，不要影响大家，咱们还是私聊解决问题吧。"

二、追根溯源，了解真相

当任老师再回到园长办公室时，郑园长已经叫来了后勤副园长及伙食专管员，一同查看了上周食谱，了解到黑米稀饭是上周四的早餐，任老师也通过询问尚尚推断出他的妈妈给他洗衣服的时间应该是当天上午送完他之后，从那张照片能看出来衣服还是湿的。

于是，郑园长详细地了解了一下尚尚妈妈的情况，尚尚妈妈自从生了尚尚后就全职在家，时而在网上卖东西，有两次在班级群里连续发"广告"，任老师还及时提醒了她，她解释说不小心发错群了。不过她平时对班级工作比较配合，上学期还很热心地来班级参加家长义工活动。这学期，家长委员会换届，任老师的候选名单里没有她，她就不太高兴，还问过任老师。

郑园长详细了解后，立即让任老师打电话回复家长，请她今天下午来园接孩子时到后勤办公室，由后勤副园长接待，让她详细了解幼儿园食品安全管理的情况。

三、持续跟进，开诚布公

任老师一连打了几次电话，可是电话那头始终没有人接听。下午3点多了，尚尚妈妈才打来电话，说没听见手机铃声响，还说她下午有事，奶奶来接尚尚，第二天她再来幼儿园理论。

次日早，尚尚没有来幼儿园，任老师按照工作惯例给尚尚的家里打了电话，询问原因，结果那头说尚尚不舒服，不上幼儿园了。周三早上，尚尚来园了，还是奶奶送的，任老师按照园长的吩咐，不和尚尚家中的其他成员讨论沟通。

下午4点，按照郑园长的安排，后勤副园长给尚尚妈妈打了电话。她很有礼貌地对尚尚妈妈说："园长安排我给您打电话，请您今天下午接孩子时务必来我办公室，咱们好好沟通一下。"尚尚妈妈马上说："我下午肯定去呢，咱们见面再聊。"后勤副园长感觉到尚尚妈妈的语气明显好多了。

郑园长告诉后勤副园长，要在尚尚的教室等她妈妈来，再把她领到后勤办公室。尚尚妈妈着实没想到后勤副园长会在教室提前等待，很客气地去了后勤办公室。

在办公室，后勤副园长与伙食专管员详细地讲解了幼儿园食品的具体工作管理方式，拿出所有食品索证资料一一给尚尚妈妈做了讲解，特别拿出了这一批次黑米的入库台账请她一一过目，最后，又给她准备了口罩和鞋套，请她把厨房的主、副食库，粗、细加工间等认真"视察"了一遍。从厨房出来时，副园长指着厨房外的显示器说："整个加工过程从这个显示器上可以一览无余，所以请您和其他家长尽管放心。我们深知食品安全责任重大，不敢有丝毫怠慢。"此时的尚尚妈妈，除了连声说好，已经不好意思再说什么了。

四、水落石出，方得信任

之后，副园长又问尚尚妈妈是否还需要见一下园长，她连连摆手："不了不了，不打扰了。"副园长按照园长的指示，请她务必在班级群里进行说明，让其他家长都看到。

晚上7点左右，任老师看到班级群里有尚尚妈妈的一段话："今天下午，我在幼儿园后勤副园长的陪同下，参观了幼儿园厨房的所有区域，详细查阅了幼儿园食品的各项索证资料，又听了副园长的详细讲解，感觉这所幼儿园在食品管理方面做得很细致、很到位。我也彻底打消了之前的疑虑。在这里，我真诚道个歉，顺便点个赞！"这段话后，是尚尚妈妈拍的几张厨房的照片。

任老师这才发现，这两天来，群里没有人说过一句话，大家似乎都在等待着这件事情"水落石出"。家长们这下都放松下来，又开始发言了。

【温馨提示】

近几年来，学前教育行业备受关注，在社会和家庭越来越高的期望中，幼儿园里的各项工作也时常被家长质疑、被社会关注。例如，上述案例中提及的土豆发芽事件，据说事情的真相是：幼儿园伙食管理员周一发现有几个土豆已经有了发芽的迹象，就赶快把所有的土豆全部倒进垃圾筐。结果一位家长送孩子来得早，临走时看到了成筐的土豆，就断定幼儿园已经给孩子吃了发芽的土豆，然后当场拍了几张照片发到班级群及朋友圈里，惊动了大批家长。更无奈的是，多家媒体很快凑过来，分别进行了不同程度的渲染，上级主管部门，包括教育局、食品药品监督管理局、疾病预防控制中心等多部门大量介入。事件发酵太快，幼儿园没有时间来澄清、还原事实真相，就只好背了黑锅，认了错。在接受调查期间，当事的幼儿园园长开始也坚决不承认，最后迫于重重压力，接受了停园整顿一周的处理，她当场放声大哭，之后要求辞职。这一事件对幼教同行影响颇深。

在黑米稀饭的风波中，郑园长冷静地进行了处理，主要源于以下两点：

首先，幼儿园膳食管理的基础扎实，管理程序严格，让人放心。后勤副园长带尚尚妈妈了解幼儿园食品进出流程、膳食加工流程，很细致、很到位，令家长心服口服，也增进了其他家长对幼儿园膳食工作的了解和信赖。

其次，正值法制时代，"依法治园"也保护了幼儿园的正当权益。郑园长指点班主任任老师发在微信群里的几个关键字"负有法律责任"是对家长有力的提醒，最后再要求家长在班级群里说明情况并公开道歉，不仅起到了一定的"震慑"作用，也在公众面前还幼儿园以尊严。

同时，这件事为教师开展家长工作提供了一定的指导。教师一般在工作中会随时关注幼儿的情绪，也需要根据具体情况对个别家长的情绪有所关注并及时进行沟通，保证家园之间沟通顺畅。尚尚妈妈此次情绪释放也"事出有因"：先是为任老师警示她不能在班级群里发广告而不悦，后是为自己没当上家长委员会代表而"耿耿于怀"，因此，"黑米"风波中，洗不掉的黑米污渍在很大程度上是尚尚妈妈情绪爆发的一个导火索。最终她选择了讲清真相，信任幼儿园。建议尚尚班级的教师借此和家长进一步联系沟通，使家长明白并做到：以后有任何问题都应该使用正确的方式方法与老师和幼儿园沟通。

难题39：幼儿园如何应对家长的误解与质疑？

【案例再现】

侯园长开完会还没走出会场，保教主任的电话就来了。保教主任的声音压得很低："园长，我这会儿在办公室外面给您打电话。小三班昊昊的妈妈又来闹了，说是一定要找您，您要是还没回到幼儿园，就在外面待一会儿，先不要回来！"

侯园长问："家长现在还有什么要求？"保教主任说："他妈妈要求咬昊昊的大丰的爸爸妈妈现在就来幼儿园给她道歉，还让幼儿园带昊昊去打狂犬病疫苗，再调查咬了昊昊的大丰家有什么病史，否则就要告老师、告幼儿园！"

昊昊是本学期才来小三班的新生，和大部分孩子一样，基本上已经度过了分离焦虑期。班级里的另一个孩子大丰因故上幼儿园迟到了。大丰一边哭，一边烦躁地在教室里转着圈。老师刚走到他面前，他就跺着脚哭；老师还没把他抱起来，他就开始拳打脚踢。昊昊看见了，走到他跟前想伸手去拉他，结果大丰拉着昊昊的小手就咬了一口，老师连忙制止，但昊昊手上已出现了清晰的牙印儿。班级的胡老师马上领昊昊到保健室消毒，又用冰块冷敷，直到牙印儿基本消失。

下午离园的时候，胡老师把情况如实告诉了昊昊妈妈。昊昊妈妈一听就爆发了，拉过昊昊的手，连声问："肯定疼坏了吧？"然后她又大声地叫了起来："呀！再深一点就要破皮了！"接下来，昊昊妈妈要求见大丰。她生气的样子让老师惊呆了，都怕她把大丰吓坏，于是搪塞道："大丰已经走了，我们会批评他的，您放心吧。"

最终，昊昊妈妈把几位老师"训"了一顿，然后，又撂了狠话："我孩子上幼儿园这么长时间了，你们老师关注过他什么？很多事情以后再说，但是今天要是皮破了，我就和你们没完！"

次日早上，昊昊妈妈送孩子上幼儿园，对胡老师说："昨天晚上昊昊洗完澡后，我看他的手指马上就要破皮了。我们想，还是到医院打狂犬病疫苗吧。"胡老师看了看昊昊的手指，说："还是让保健医生看一下吧。"

保健医生认为这样的情况可以先不打狂犬病疫苗，更不用考虑打破伤风疫苗，因为孩子在出生后打过百白破疫苗，可以继续观察，也可以到医院听听医生的意见。昊昊妈妈悻悻地走了，没有再提打疫苗的事情。

现在昊昊妈妈又提出新的要求：一是要求大丰的家长道歉；二是要求了解大丰的父母有无家族遗传病史。侯园长觉得自己有必要亲自见见这个"难缠"的家长了。

【案例分析】

现代家庭对幼儿教育的重视程度越来越高，家长的期望值也就不断提高，"择园"意识越来越强，对老师的要求越来越多。许多家长在孩子入园初期总是焦虑万分，与其说幼儿入园焦虑多，还不如说家长焦虑多。往往一点点事情都会引发家长的担心与疑虑。就如昊昊妈妈，对孩子手指被咬后的反应居然上升到要打狂犬病疫苗的地步。

但是透过案例中昊昊被咬手指的现象以及昊昊妈妈最后的抱怨，也不难看出昊昊是一个比较听话的"乖孩子"。在幼儿园里，往往那些乖巧内向的孩子会被有意无意地忽略，这些孩子在家中习惯了顺从父母，有需求不表达，有情绪不发泄，非常"懂事"。作为新生，因为不会"哭"，所以老师往往觉察不到他们的需求与情绪。

布朗芬布伦纳认为："发展是人与环境的复合函数。"环境对人的性格起着潜移默化的作用。幼儿阶段，孩子生活最多的两个环境就是家庭和幼儿园，幼儿入园后，在幼儿园的时间会远远多于在家庭中和父母相处的时间。所以家园配合，发展孩子各方面的能力，尤其是社会交往能力至关重要。教师在幼儿园里应充分重视环境的创设，营造充满爱的氛围，尽量平衡地、公平地对待每一个孩子，不忽略任何一个孩子的感受，尤其要引导和帮助那些"乖孩子"，使他们获得同伴的接纳与关爱，更要创造机会让"乖孩子"体验到成功。

【解决策略】

一、耐心倾听，直面接受，客观对待

保教主任把昊昊妈妈领到园长办公室，侯园长示意保教主任也坐下来，并亲自给昊昊妈妈倒了一杯水，请她坐下心平气和地说话。昊昊妈妈没有想到侯园长真会专门见她，也稍稍有一些紧张，但是她很快调整了一下情绪。她没有从这次发生的咬手指事件说起，而是一五一十地讲了昊昊入园后遇到的种种不顺心。

"园长，我知道您也挺忙的，但是我确实太气不过了。您看我们入园第一天，我把昊昊送进教室还没走，趴在窗户上看，四个老师关注的都是哭的孩子。我家昊昊不哭，但是那会儿已经吃早饭了，昊昊吃饭乖，盘子里没有了，不会向老师要，胡老师他们根本就想不到这些不哭的孩子也是有需求的。真是不哭的孩子就没奶吃了，像昊昊这样的孩子就被老师们忽视了。这也说明几个老师不会分配工作。

"园长，在老师眼里，我肯定属于多事的人，但是今天我也不怕得罪老师。我就想说出来，我们家长谁也不傻。上个月教师节，咱们幼儿园虽然给家长发了通知，不让给老师送东西，但是有些家长的举动……特别是大丰的妈妈，又是送鲜花又是送礼品，和老师在门口推来让去，让我们这些不送东西的家长心里怎么想？我就认为，老师收谁的东西，当然就对谁的孩子好。

您没看下午离园时在教室门口围着老师说话的那些家长，老师对他们那么热情，我们这些下班晚的，就没有机会沟通，想给老师打电话吧，又觉得下班了挺打扰老师的。

"还有，我上周接昊昊回去，发现他的一只袜子里外穿反了。昊昊上幼儿园前，我就训练他穿脱衣服鞋子，因为他的袜子里外反差很大，我给他穿的鞋子又没有全部包着脚，所以老师要是关注一下他，就会发现的。我觉得，老师没看见就说明她眼里没有昊昊………"

昊昊妈妈越说越激动，侯园长暗示保教主任起身倒掉昊昊妈妈杯子里的水，换上热水。昊昊妈妈稍微平静了一下，然后说："园长，我也知道小朋友在一起玩儿难免会出点小问题，老师上班带这么多孩子也很不容易，但是如果没有前面这些事儿，我也不会多想。我总觉得老师不能平等地对待孩子，总是有选择性地对一些孩子好。作为家长，我怎么能放心呢？再说了，爱哭的孩子有奶吃嘛，昊昊不会哭，就只能是妈妈替他哭了。开学已经一个月了，轮也要轮到多关注我的孩子了……"昊昊妈妈说完眼睛就湿润了。

侯园长耐心地听昊昊妈妈说完，对她说："今天听您说了这么多，我先代表老师向您道歉！先说昊昊被咬的事情。说实话，我们都觉得不严重，而您和家人的反应也令我们感到焦虑不安。但是，今天我终于明白了，误会不在于此，根源在于您举的那么多的例子。请您放心，我们会一一了解核实的！幼儿园教育没有让家长放心满意，是我们的不对。有做得不对的地方，我们会反思并改正。有些教师存在师德方面的问题，我会尽快调查并督促教师改正。"

二、调查情况，分析缘由，认真反思

送走昊昊妈妈，侯园长让保教主任先查清情况。很快，情况搞清楚了：

（1）在教师节当日确实有家长送过香水、口红、鲜花等物品，其中就有大丰的妈妈。因接送幼儿时比较吵闹，教师都是把礼物放在孩子背的书包里

——归还，并给家长——打电话说明，但是鲜花都插在教室的花瓶里了。

（2）新生刚入园时，教师之间的配合确实还有一些问题，都本能地关注哭闹的孩子，对"乖"孩子有所忽视。胡老师已经意识到了并且及时进行了调整。

（3）穿反袜子的情况属实，老师的确没有关注到。但是，昊昊有一个特点，就是喜欢反复穿脱鞋袜，这次穿反有可能就是在离园前昊昊又自己穿脱了，老师没有及时发现。

（4）咬手指的事情老师在现场，但大丰咬昊昊的手确实令老师始料未及，这件事情不存在教师不关注的情况。

侯园长听完保教主任的反馈后说："中午立即召开班子管理会议，把这些问题逐一进行讨论研究。"然后她到了昊昊班级，跟昊昊和其他几个小朋友一起聊了会儿天，问了一些问题，比如，你家里都有谁、你最喜欢做什么事情、你最喜欢哪个小朋友，等等。她发现，昊昊确实是个很"乖"的孩子，很听话，不太说话，很守规矩，她抱了抱他们几个，又和他们聊了一会儿。侯园长明白了：昊昊这么"乖"，一定和他的身后站了一个强势的妈妈有关。

午饭后的会议上，侯园长请大家从各自的角度谈谈对昊昊妈妈"闹事"的看法。大家七嘴八舌，对昊昊妈妈"多事"很是反感。侯园长只是听，然后说了自己的几点看法和要求：

（1）进一步了解调查其他班级的教师是否存在收礼现象，具体细节调查清楚后，若属实，实行"一票否决制"，取消收礼教师的评优评先资格。

（2）保教部门对教师缓解新生入园焦虑的指导性不强，教师在稳定新生情绪的时候，方式方法不够科学，应指导和帮助教师尽快调整教育行为与方法。对于"中间"区域的孩子不能充分关注，不是由于教师能力欠缺，而是由于教师缺乏科学的教育理念。

（3）幼儿园保育工作细则实施不够，教师在工作中不够细心，应加强培训，关注细节，保证对每一个孩子的良好服务。

最后，侯园长郑重地说："家长对待孩子被咬手的问题，确实有不妥之处。但从她列举的一些事情，可以看出家园之间欠缺沟通，更多的是我们的教育方式及理念还不科学，这就加剧了家长对我们的工作的误会，所以昊昊妈妈选择'将事件扩大化'以引起老师和幼儿园对昊昊的关注。我们也要以此为契机，与家长进行充分沟通，重新赢得家长对我们的信任。"

三、积极实践，化解矛盾，获取信任

接下来的时间，侯园长要求全体人员严格执行幼儿园的各项规章制度，要求管理人员对照园内相关细则进一步检查工作。特别关注对教师专业性的指导，组织教师多探讨、多研究幼儿年龄特点和发展规律，同时指导教师关注细节，有问题随时沟通，有矛盾及时化解，保障家长工作的科学性和有效性。

两周后，侯园长在幼儿园早晨入园时，邀请昊昊妈妈有空再和她聊聊。昊昊妈妈的态度已经大反转，她对侯园长说："我现在很满意，就不打扰您了。"但是，侯园长还是坚持和昊昊妈妈约了时间，因为她还想和昊昊妈妈谈一谈如何让"乖"孩子外向一些。有些话题是对昊昊妈妈提"要求"，她叮嘱昊昊妈妈，一定要按时"聊天"。

【温馨提示】

幼儿园时有家长投诉，几乎没有幼儿园能幸免。可以说绝大多数的投诉都不是因为一件事情，都是"旧痕"加"新伤"所致。如果从一开始，教师就能取得家长的理解与足够的信任，那么后面就不会有更多的猜测与推断，所以教师平时对待孩子以及开展家长工作一定要建立在彼此信任的基础之上，教师的专业态度和工作方式是获得孩子和家长认可最根本的条件。

幼儿园在对待各种"闹事"的家长时，既不应单方面地对家长持反感态

度,也不能因一味相信家长的一面之词而误解教师,而要在了解事情真相后,客观、公正地对待,在解决问题时追根溯源,"标本兼治",真正解决家园之间的矛盾,促进家园共育。

难题40：家长突然叫来媒体，要曝光幼儿园，园长该如何应对？

【案例再现】

孩子们正做课间操的时候，保教副园长匆匆跑到孙园长跟前说："园长，保安打电话来说，门口有《××快报》的记者，要进来采访您。他们说您不在，可是这俩记者不走，说要等您回来，咱们该怎么办？"

孙园长立刻明白，这一定是中二班李辰翔的家长找来的。3个月前，李辰翔在户外进行体能活动时不慎摔倒，导致右臂骨折，保健医生、当班教师以及家长陪同孩子到附近的一家著名骨科医院诊治。之后教师登门家访、慰问，期间李辰翔多次去医院检查治疗，都是幼儿园安排教师提前帮助他在网上挂号。所有相关费用由幼儿园全部承担。另外，孩子在家中说想吃幼儿园的饭菜，孙园长就安排给孩子送去他喜欢吃的饭菜。

孩子基本痊愈后，老师再次和家长联系，期望孩子能在次周正式入园，但家长却提出要求：①索赔20万元，作为这个孩子以后发生后遗症的保障金；②幼儿园须出示一份书面承诺，保证20年之内为孩子的后遗症负责。

为此，一连三天，李辰翔家中共6人三次来到幼儿园索要赔偿。他们口口声声说孩子从小到大都很少生病，这次骨折是幼儿园照顾不周，让孩子受了痛，遭了罪，家里人很担忧，奶奶因此心脏都不好了，幼儿园必须赔偿家人的精神损失费。还说孩子骨折后他们看幼儿园的处理态度好，就没有到幼儿园闹过。孩子现在基本上好了，幼儿园就需要考虑赔偿了，这次的赔偿及承诺必须兑现，否则他们就要叫媒体来曝光，他们有亲戚在市里一个著名的媒体栏目工作。

为此，幼儿园保教办的三位负责人及幼儿园的三位保健医生，还有当班老师反复和家长沟通、讲道理并道歉，但都无济于事。在交谈过程中，李辰翔的家长说："我们家长就是弱势群体。我们有一个学期共有近半个月的时间没有出勤，你们幼儿园一分钱保教费不退，所以这20万元里我们把这些都算进去了！"气得班主任对园长说："真没想到！见过不讲理的，但还没见过这么不讲理的！"

《××快报》是在当地非常有影响力且收视率最高的新闻栏目，一般情况下，哪个单位的事情上到这个栏目，就一定会引起相关部门及社会的高度关注。

【案例分析】

幼儿家长对幼儿园的期望值一般都太高，尤其不能接受孩子在园内出现的各种事故。一旦有事故发生，家长有各种猜测判断在所难免，如处理结果不合家长之意，许多人就想到通过媒体给幼儿园施压，从而达到自身诉求。也因此，园长作为法人或责任人，不可避免地要与媒体打交道，但应对媒体对幼儿园园长来说确实不容易。

华东师范大学教育学部教授田爱丽这样告诫学校校长："学校管理者要善于引领、把握舆论导向，创造一个能够让学校克服困难、不被干扰和误导的良好舆论环境，把潜在的'危险'转化为学校发展的'机遇'。校长要有明确的媒体方位感，要清楚地知道媒体为何而来，他们希望了解什么样的信息，通过和他们沟通会起到什么作用，会有什么效果。"这一告诫对幼儿园园长也同样适用。

幼儿园园长在与媒体沟通时一定要有针对性，首先要知道不同的媒体代表了不同的社会群体。如果是家长找来的媒体，自然不可能代表幼儿园的切身利益，幼儿园园长需要做的就是"看人说话"，既要对媒体讲真话，呈现事实，又要考虑到媒体可能感兴趣的方面和内容，对于自己不懂的领域或非幼儿园职责范围内的事情，切莫"乱讲"，要让媒体和公众听取相关权威部门（人士）的解释和说明。

【解决策略】

一、临"危"不慌，保持思路清晰

办公室李主任是多年前从教师岗位提拔上来的，灵活又不失稳重，而且对这件事情也比较熟悉。平时有些家园纠纷她也参与处理。李主任迅速来到办公室，孙园长对她提出以下要求：

（1）要求他们出示有效证件，确认媒体与记者的身份。

（2）若确认就是此家媒体，就说园长今日上午不在，若无特殊情况，下午4点左右应该能回到园内，建议记者下午或明天来采访。

（3）尽可能了解到他们采访的具体问题。若记者说园长不在，可采访主任或其他人员，应表示办公室不太熟悉班级的事情，教师此刻在带孩子，不能随便离开，巧妙拒绝。

（4）若是其他媒体，可酌情告知情况。

（5）如果记者强行进入园内或有其他不合情理的要求，幼儿园安保人员应立即报警。

（6）接待态度友好，不失礼仪。

孙园长通过监控，看到李主任在大门外大方地接待了记者，并查看了他们的证件，还很自然地把记者的证件拍了下来，然后又与他们沟通了一阵子。最后记者拍了拍幼儿园的大门，悻悻地离开了。

李主任确认记者来自《××快报》，基本上按照孙园长的叮嘱和记者做了沟通。记者也说了若园长不在就采访其他人或者对园长进行电话采访，李主任都一一"回绝"。但他们或许不甘心，在附近等待，甚至想"伺机"进入幼儿园。

二、周密部署，确保条件充分

其实孙园长在李主任与记者"周旋"的过程中，已经给两个人打了电话。第一个电话是打给幼儿园的法律顾问，孙园长再次确认了幼儿园在李辰翔骨折中的态度与处理方式无可厚非，并和律师约好，必要的时候会要求律师代表幼儿园出面与记者及家长沟通。

第二个电话是打给上级主管单位的领导，孙园长汇报了此事的经过及现状，说明了进行后续处理的想法，领导表示了支持，叮嘱孙园长一定要冷静、妥善地处理，避免造成其他负面影响。

孙园长急忙召集管理人员及相关班级教师围绕此事提出了要求：

（1）做好面对媒体的准备，不紧张，不恐慌。这是一起典型的意外事故，幼儿园始终本着责任感与良心，处理过程无可厚非。

（2）监控室尽快拷贝出孩子意外受伤的相关视频，在必要的时候出示。

（3）保健室立即整理出三个多月来的事故处理过程及追踪情况，班级教师整理李辰翔的家访及相关过程资料，均仔细查阅，保证资料客观、完善。

（4）财务室整理出李辰翔受伤后幼儿园所有的费用支出明细，包括2000元慰问金以及家长去医院搭乘出租车费用的票据，等等。

（5）要求家长必须在场。

三、巧妙"迂回"，依规科学处理

孙园长要求各部门务必在1小时内完成上述相关资料的准备，然后安排李主任给记者打电话，预约中午1点来园，但是电话里未告知将要求家长来园的事。

12:30，保教主任给家长打电话，说园长中午在园，趁小朋友午休时，请家长来园沟通事情的处理情况，家长表示立即到。

13:00，记者来到幼儿园会议室，四方齐聚（幼儿园法律顾问也到了现场，但是以教师的名义，未亮明律师身份）。孙园长寒暄后表示了抱歉，顺口说到她也有××、×××两个朋友和两位记者在同一家电视台工作。又说今天让大家久等了，权当记者朋友来园是协助处理纠纷、公正"评判"的，建议前面的聊天部分先不要录像。

然后，孙园长让保教副园长把幼儿园处理事情的经过进行了简要的阐述，并现场放映了孩子受伤的视频，也出示了幼儿园的票据凭证，还表明了李辰翔学期累计未出勤14天不退保教费是严格按照省相关收退费细则中的第×条规定来执行的。最后，孙园长问家长："你们还有什么诉求，也请记者朋友一起来探讨。"

其实家长原来打算让在媒体工作的亲戚动用关系找两个记者来吓唬一下幼儿园。要求赔偿的20万元只是个虚数，幼儿园看着办，赔个5万元也可以。反正孩子是在幼儿园受的伤，幼儿园就得给个说法。

但家长没有想到他们也要直面媒体，这又不是什么好人好事，报出来也挺难为情的。孩子的家长反倒紧张了。孩子的一个叔叔说："那我们全家人受惊吓的精神损失费你们总得赔啊！"

刘律师回应说："精神损害赔偿是指自然人因其人身权受到不法侵害，使其人格利益和身份利益受到损害或遭受精神痛苦，受害人本人或者死者近亲属要求侵权人通过财产赔偿等方法进行救济和保护的民事法律制度。具体到人身损害精神损害赔偿，就是人身伤害给受害人造成严重后果，如构成伤残的，受害人或亲属遭受肉体、精神痛苦的，可以要求赔偿精神抚慰金。但如果身体伤害不构成伤残或者未达到法定的特殊情形的，受害人或其家属要求精神抚慰金的一般不予支持。因侵权致人精神损害但未造成严重后果，受害人请求赔偿精神损害的一般不予支持。如果家长对此有异议，建议你们走法律程序，幼儿园会积极配合。"

孙园长补充说："该幼儿园承担的责任，幼儿园绝不推诿。"

结果情况大逆转，记者匆匆收场。

后来通过其他方式，孙园长得知在此之前电视台的稿子都编好了，题目就是"×××幼儿骨折后园方处理有失良知"，记者来了才知道事情真相与家长所描述的差异较大。

当然，孙园长还是很快和电视台的朋友通了电话，讲了来龙去脉，希望朋友帮忙让这篇报道不要上了，不管报道什么，对幼儿园和家长都没有好的影响。

事后，孙园长要求办公室主任通过此事总结出应对媒体的方法及得失，在全园大会上组织大家学习。

【温馨提示】

从上述案例中可以得出一个结论，即与媒体沟通要及时主动。危机发生时不要慌张害怕，不要一味地躲避回绝，要善于在正确的时间做出积极正确的反应，及时公布事件的详情和进展，而不一定要等事件有了全面的结果之后才与媒体进行沟通，那样往往会错失一些机会。孙园长选择了收集所有的过程资料，又让律师出面，在必要的时候"替"自己代言是绝对正确的。

孙园长要求李主任告知记者下午再见的时间是模糊的，因为她要预留出园内沟通、与相关领导沟通的时间。后来主动约见记者表现出了主动性以及自信心。

事实上，很多诸如此类的事情在幼儿园发生之后，媒体与公众甚至是受害者已经并不十分关心事件本身，而是更在意幼儿园的态度。因此，无论如何，幼儿园一定要以真诚负责的态度面对媒体和公众，尤其是园长亲自应对媒体和公众时，既要敢于担当，也要与外界及时沟通，想办法尽一切可能把事件危害降到最低，不要总是遮遮掩掩或者推诿逃避，否则只会欲盖弥彰，招致媒体和公众的反感，给幼儿园造成更大的伤害。

有些幼儿园园长在处理此类事情时总担心自己说错话，所以就不敢说话甚至不敢出面，结果被媒体和公众误解成了"拒绝"或者"推诿"。这就要求园长在专业素养和综合素质方面不断加强。

当下，许多企业和政府部门为了加强与媒体、公众的沟通，纷纷建立起比较成熟的新闻发言人制度，幼儿园也可以适当效仿。上述案例中的孙园长在经历了这次事件后，决定好好培养李主任，让她在必要时帮助幼儿园维护良好的社会形象。

难题41：园长该如何平息班级换老师引起的风波？

【案例再现】

一天早上早操后，中一班近10位家长一起来到孙园长的办公室。其中一位家长说："园长，我们想跟您谈个事情。"孙园长说："好啊，不过能否派代表留下来谈？这办公室坐不下这么多人呀。"话音刚落，站在门口的几位家长就退了出去，留下了4位家长，孙园长请他们坐下后，谈话便开始了。家长们的问题针对近期中一班的王老师因怀孕不适请了长假，班级换了另一位老师而展开，他们七嘴八舌地表达了诸多不满意。

某班级的赵老师在学期中途突然告知孙园长自己的母亲身体不好，要辞职回老家照顾母亲。当时幼儿园并没有储备老师，不得已的情况下，园方立即在门口张贴了招聘启事并通过网络进行招聘。一周后，这个班级更换了一位新老师。不到两天，同样的事情发生了：家长们来到办公室，纷纷表达对新老师的不满，诸如新老师没有赵老师细心，新老师不如赵老师亲和，新老师……总之，就是对这位新老师不满意。

【案例分析】

当今的家长对孩子的事情过于看重，这些换老师的小事原本不必大惊小怪，现在却会令他们高度重视。他们不会正确地引导并帮助孩子适应新教师，却会表现出比孩子更严重的焦虑；他们不会明白适应新老师也是培养孩子社会适应能力的极好机会，而只会想到换老师的一系列弊端。

换老师是幼儿园常有的事情，民办幼儿园因为教师队伍不稳定、教师流失率高，发生这种情况的频次更高。每每遇到换老师，都会有一部分家长表示不愿意。他们有时是在下面发发牢骚，议论议论，这件事情也就过去了；有时就会像上述案例中那样，集结起来找园长，即使明知走了的老师不会再回来，换老师是铁定的事实，他们也要借机向园方表示不满，提出意见。其实，每位园长都会遇到这类事情，而且会很头疼，一旦事情处理不好就会引发幼儿园和家长之间更大的矛盾，家长甚至会在更广的范围内传播负面的信息或向有关部门告状，不但会消耗园长的时间和精力，而且会影响幼儿园的声誉。

【解决策略】

一、真诚接纳并耐心倾听家长的诉求

对于家长们的不满以及他们提出的新教师的种种"问题"，孙园长首先保持平和的态度，认真地倾听，并对他们的心情表示理解，对他们的态度表示接纳，给他们表达诉求的机会，充分地尊重他们，而不是急于表明自己的态度。于是，孙园长对家长们说："你们的心情我很理解，毕竟家里就这么一个宝贝，谁都不想让孩子受一丁点儿委屈。有什么想法慢慢说，不要激动。"然后，她就面带微笑地、耐心地倾听他们的每一个想法和意见。

二、向家长表明换教师是当前唯一的选择

听完家长的诉求，孙园长态度谦和地对他们说："首先非常感谢你们来向我反映以上的问题，表明你们的态度，你们要理解换老师也是我们幼儿园最不希望遇到的事情。但是，目前，我们只能换老师。因为，王老师的身体情况不允许她继续上班，她必须休长假，而且，即便王老师短暂休息后重返岗位，未来产假还要半年，现在不换老师，几个月后还是要换。你们这个班的

孩子在幼儿园阶段经历一次换老师是必然的，这个现实家长和孩子必须接受。作为家长，目前唯一可取的做法是引导孩子尽快从换老师的变化中走出来，适应新老师，喜欢新老师。每一个老师都有优点，但同时，也都存在不足。目前，家长可以做的是努力地引导和帮助孩子发现新老师身上的优点，而不是放大他们的缺点，给他们贴标签——'不如原来的老师好'。如果你们欣然接受换老师这样的事实，不在孩子面前表现出焦虑，而且用欣赏的态度面对新老师，相信孩子很快就可以适应的。"

三、帮助家长分析换老师的利与弊

任何一件事都要一分为二去看待，因此，园长在处理家长对幼儿园不满这类问题时，切不可只采取息事宁人的态度，发现家长态度有所缓和就不再坚持和追究，草草收场。园长应借机向家长分析换老师的利与弊，引导家长养成辩证地看待问题的习惯，尤其是面对"80后""90后"的年轻家长，更要让他们明白任何一件看似不好的事情，其中都蕴含着"利"的一面。如换老师，其弊端显而易见，即孩子不熟悉、不适应甚至不喜欢新老师，这会导致孩子入园情绪波动。而这件事蕴含的有利因素往往不易被家长发现，园长要引导家长看到换老师的另一面。告诉家长，培养幼儿的社会适应能力是幼儿园社会领域的重要目标之一，也是幼儿社会性发展的重要方面，孩子从初入园到毕业都由一个老师来带纵然有千条好处，但就培养孩子的社会适应能力、发展孩子的社会性而言，中途换老师未必不是一件好事。只有在不断地接触新人、适应新环境的过程中，孩子的社会性才能得到更好的发展。孩子在今后的成长过程中，会不断地遇到各种新情况，家长应以平常心来对待，让他们去适应、去面对。而且，家长在面对事情时，既要看到弊端，也要看到优势，既不能放大优势，也不能放大弊端，"塞翁失马，焉知非福"！

通过深度交流，家长们往往能够比较愉快地接受园长的意见，事情会得到圆满的解决，更重要的是家长能够得到启发，当今后遇到类似事件时，他们会辩证地分析其中的利弊，理性地做出处理。

【温馨提示】

家长和幼儿园在很多问题上存在矛盾，因此，二者会对一些事情产生意见分歧。家长们有时会发牢骚，有时会提意见，有时还会做出更加离谱的行为。作为园长，不要怕出问题。问题出现时，如果园长能积极面对，想方设法地化解矛盾，争取家长的理解，冷静地处理和解决问题，问题往往会成为不断改进工作的契机，而园长自身也能够从中总结和积累解决同类问题的经验。因此，遇到问题，园长不能操之过急，更不能以势压人，否则会激化矛盾，把小事搞大，把大事搞糟。

园长们在处理这类事件时，如果采取不同的方法、不同的态度，就会导致不同的结果。尽管换老师是幼儿园不得已而为之，但园长决不能强势、强硬，否则会激化矛盾，把简单问题复杂化，让幼儿园处于被动地位。

难题42：面对过分溺爱、迁就、放纵孩子的家长怎么办？

【案例再现】

3岁的嘉豪是爷爷奶奶、外公外婆两家的独苗。入园三周了，他依然不愿意来幼儿园，天天早晨入园时都会哭闹不休，甚至踢打长辈，打骂老师，每次都得等家长走后他的情绪才能逐渐稳定下来。一天下午家长接走孩子之后，张园长突然听到操场上吵吵闹闹的声音，紧接着，接到值班主任的报告，得知两位家长因为孩子抢三轮车闹矛盾了。原来嘉豪最喜欢骑的小三轮车被逗逗先占领了，奶奶出面商量的同时，嘉豪就直接动手抢了，于是双方家长发生了争执。

4岁半的佳佳是个漂亮的小姑娘，不管走到哪里都会引起别人的注意。一家人时刻都在关照她、陪伴她。逢年过节，亲戚朋友也会逗引她，有时候大人会围着她坐一圈，无论她表演什么节目，大人都会以热烈的掌声表示欢迎。有一天，妈妈带她去参加一个聚会，一桌人刚刚坐齐，佳佳就大声尖叫："我要吃大虾，为什么不把大虾摆到我的面前来？"妈妈连忙安抚说："这个桌子会转的，等下就转到我们这边来了。"佳佳不依，一定要立刻把大虾摆到她面前。旁边的大人自然不会和一个孩子计较，赶紧把那盘茄汁大虾递了过去。妈妈一边说谢谢，一边接连把大虾往佳佳碗里夹。一次，外婆带着佳佳参加同学聚会，正巧其中一个同学也带了外孙来。外婆与同学们只是对这个小朋友多夸了几句，佳佳就立刻不愿意了，躲在外婆怀里，甚至不肯吃饭。临走时佳佳对外婆说："你喜欢他，就让他当你的外孙吧！"

【案例分析】

溺爱，是一种失去理智、直接摧残儿童身心健康的爱。我们身边不乏这样的案例。而家长溺爱孩子的原因可以分为以下三个方面：

（1）家长认为孩子还小，抱着"树大自然直"的想法，想等孩子大一点再严格管教。

（2）给予孩子"特殊待遇，过分关注"。有的家庭经济条件好，却不懂什么是"教育和教养"，使孩子产生"唯我独大，骄横跋扈"的态度；有的父母自身童年生活艰苦，将自己的一切希望都系于孩子身上；还有的家长对孩子包办代替太多，剥夺了孩子独立与学习的机会，含在嘴里怕融化，吐出来怕飞走，孩子变得胆小无能、丧失自信，养成依赖心理，形成不良个性，甚至性格有严重的缺陷。

（3）家长的认识产生偏差，抱着"不示弱、不吃亏"的态度教养孩子，有"绝不能让孩子遭一点罪、吃一点亏、受一点委屈"的心理，尽量满足孩子提出的一切要求。在家长的溺爱与娇宠下，孩子们逐渐养成以自我为中心、自私自利、缺乏责任心、讲究物质享受、浪费金钱和不体贴他人的不良习惯，并且毫无忍耐与吃苦的精神。

家长是孩子的第一任教师，孩子是家长的影子，家长是孩子的镜子。习惯和个性不同的孩子，其背后亦可以映射出不同的家庭教育环境与教养态度，孩子的问题更多地源于家庭教养态度与方式。苏霍姆林斯基在《家长教育学》中提出："所有的人在拿结婚证前必须学习家长教育学，否则不发结婚证。没有接受过系统教育科学训练的父母，正如一个没有领到驾驶执照的司机一样，如果匆匆上路，必然会产生不良的后果。"在他看来，父母养而不教，不仅父母会失去孩子，社会要失去公民，而且还要危害国家和人民。新修订的《幼儿园工作规程》特别强调要"注重家园共育"，幼儿园的工作任务之一是"面向幼儿家长提供科学育儿指导"，幼儿园应建立家长开放日，建立与家长联系制度，指导家长进一步地明确科学育儿的方法，使家园教育达成高度一致。而且，对孩子的种种表现寻根溯源，问题的关键还是在家长身上。因此，张园长决定将家长工作列为幼儿园工作的一项重要内容。

【解决策略】

一、改变孩子之前先影响父母

父母的三观里，藏着孩子的未来。"80后""90后"父母的文化水平高，学习能力强，和父辈的教育理念不同，他们更希望用科学的方式去教育孩子。但由于各自的家庭与教育背景不同，家长为人处世与教养孩子的态度也各有差异。如上述嘉豪、佳佳的问题，其实都是家长对家庭教育的认识问题。因此，幼儿园可每月举办一次家长学校活动，选取不同的主题和形式，邀请知名的幼儿教育专家、家庭伦理与社会学专家，开展好书推荐、话题讨论、问题咨询等活动，逐步影响与改变家长的世界观、价值观、儿童观、教育观。幼儿园还可以征集家长们在育儿方面的困惑，邀请教研员、优秀家长参与其中，以家教沙龙的形式开展家庭教育指导活动，以深入浅出的语言、生动翔实的家庭教育实例进行宣传教育活动，以现场互动推动家长们实现经验分享和思维碰撞。对于个别在认知层面问题比较严重的家长，园长也应抓住教育契机开展个别谈话与家访活动，引导家长改变自己的教养态度。

二、学习分享活动

张园长要求各班教师利用好家长微信平台、家教园地等途径，并邀请园长、教研员、高校专家等参与其中，教师引导家长共读一本好书、讨论一个话题、推送一篇好文、欣赏一段视频、一起解读《3—6岁儿童学习与发展指南》等，大家随时互动与交流，在家园之间、家长之间、家长与专家之间架起沟通的桥梁，让家长在学习与分享中逐步学会科学理性地"爱"孩子、认真地观察了解孩子、充分地尊重理解孩子、正确地引导支持孩子。

三、倡导家长树立良好的"家风"

家风是一种综合的教育力量，它是思想、生活习惯、情感、态度、精神、情趣等多种成分的综合体，包括高尚的综合情趣、浓厚的学习氛围、平等友好和谐的家庭关系等。中国有句古语："潜移默化，自然似之。"父母和子女共同生活，一言一行都对子女起着耳濡目染的作用，比如孝敬老人、善待朋友、勤俭节约、遵守规则、自强自律等。园长和教师应鼓励家长当好表率，做好孩子的"第一任教师"，因为家庭教育往往比学校教育、社会教育更深刻，影响更大。园长和教师可以通过各种活动宣传良好"家风"，如"我爱我家"话"家风"沙龙活动、家风家教故事征文活动、名人家风朗读推送等，还可以指导家长为孩子记录或拍摄"成长日记"，记录孩子的成长与改变，记录家长自己教育观转变的心路历程，然后在班级或全园推送这些"成长日记"。

【温馨提示】

（1）家长对孩子的溺爱、迁就、放纵的表现不尽相同。他们大都知道溺爱孩子有害，但却分不清什么是溺爱，更不了解甚至不肯承认自己溺爱孩子，所以话题讨论、沙龙、典型案例分析等活动很受欢迎，而且典型鲜活的案例也会达到更好的教育效果。

（2）多数有祖辈生活在一起的家庭溺爱、迁就、放纵孩子的现象更为严重。年轻的父母认为，老人帮忙带孩子已经很不易，不忍心去干涉或者干涉了也无济于事。两代之间教养模式不一致，受害最深的当然还是无知的孩子。因此幼儿园很有必要针对祖辈家长专门召开家长会，通过专家讲座、案例分析等活动让他们理解个中道理，或者给老人订一些育儿杂志，让老人吸收新知。

难题43：家长联名要求幼儿园劝退某个孩子怎么办？

【案例再现】

帅帅是小二班里一个非常顽皮的小男孩，他不仅调皮捣蛋、对人没有礼貌、不守规矩，而且与同伴交往还总是带有攻击性，打人、推人、咬人、捉弄人……班里的老师提起他就直摇头，实在拿他没办法。入小班的第一天，帅帅就在排队时猛跑到队伍中，推倒了前面的女孩，女孩摔倒时牙齿磕破了嘴唇，缝了针。对此，女孩的家长不依不饶，不仅要求幼儿园赔偿精神损失费，而且要求帅帅退园或转班。

此后的日子里，隔三岔五，就会有帅帅班小朋友的家长来找张园长，因为他们找了老师和帅帅的家长，问题依然得不到解决。有的孩子被帅帅抓破了脸、挠破了手；有的孩子被帅帅推倒在地，摔破了膝盖、碰伤了额头；有的孩子的画被帅帅撕坏或涂得乱七八糟；有时美术课上帅帅故意把颜料涂抹到同桌孩子的身上；还有家长反映帅帅把自己不想吃的菜放到别的小朋友碗里，或拿勺子、筷子在别人的碗里搅……家长们强烈要求张园长给这个孩子转班或让他退园，理由是：这个孩子坏透了，不能让他再"祸害"其他小朋友了。张园长每次都是用专业理念和教育政策想办法说服来告状的家长，帅帅当然是既没有转班，也没有被劝退。直到小班下学期的一天，帅帅班里的家长联名给张园长写了一封信，并由几位家长代表来与张园长"谈判"，他们要求帅帅退园，因为他们的孩子再也不能忍受这个"熊孩子"了。

【案例分析】

像帅帅这样年仅3岁就如此行事的孩子，在张园长从事学前教育工作的30多年中仅此一个。为什么这么小的孩子就已经集所有顽皮行为于一身？带着这样的疑问，张园长与该班老师、帅帅家长以及对帅帅家庭比较了解的其他家长做过多次深度交流，发现导致帅帅行为顽劣的主要原因是：家庭的教育和环境存在一定的问题。

（1）帅帅的爸爸处理事情简单粗暴。帅帅爸爸非常暴力，在家里动辄对帅帅妈妈拳脚相向，孩子惹他生气或做错事时，他也总是通过武力来解决，从不耐心地跟孩子讲道理。帅帅从小在这样的环境中生活，模仿了爸爸所有的粗暴行为，学会了用"动手"和"暴力"的方式来解决与同伴之间的问题。

（2）父母的袒护溺爱。帅帅的父母尤其是爸爸在对待自己孩子与别人之间的冲突时，从不批评指责自己的孩子，有时还会有明显的袒护。有时老师批评了他的孩子，他也会表现出不高兴，偶尔还会找张园长表达对老师的意见和不满。

对待这样的"熊孩子"以及背后这样的"熊家长"，张园长该如何处理才能有效地解决问题呢？

【解决策略】

一、换位思考——园长要理解家长的心情

园长必须理解，第一代独生子女成长为父母后，他们的孩子是在"四二一"的家庭结构中成长的，通常这些孩子是被六个大人照顾或者说是"伺候"的，都是"含在嘴里怕化了，捧在手上怕摔了"。当孩子来到幼儿园，遭遇被打、被推、被"欺负"等情况时，多数家长自然不能接受。因此，作为园长，当家长来反映问题甚至情绪激动、大发雷霆时，要站在家长的立场上，用"同理心"与他们换位思考，明确地向家长表示理解并安抚家长的情

绪，待家长情绪缓和后再做进一步的沟通。园长切不可认为家长小题大做、大惊小怪，一旦出现这种态度或不屑的表情，就有可能将家长激怒，使矛盾激化，让事态向着不好的方向发展。

二、明确态度——幼儿园无权剥夺任何幼儿受教育的权利

面对家长联名劝退的问题，幼儿园要有明确的态度——无权力劝退。当然，向家长表明这个态度时园长一定要语言婉转，柔中有刚，晓之以理，动之以情。园长还要清楚地向家长阐明，幼儿园的主要职责是"育人"。一个三四岁的孩子从家庭来到幼儿园，是他走进社会的第一步，也是孩子社会性发展的一个非常重要的环节。像帅帅这样的孩子，就是因为缺乏良好的家庭教育和环境，才使得他的社会性发展出现了问题，不会与同伴友好相处、正确交往，不懂得同伴之间要谦让、分享、合作，不知道遇到问题可以通过其他方式或请求成人来帮助解决。在《儿童权利公约》中，"发展权"——接受良好的教育，是每一个儿童的权利，任何人无权剥夺。学前教育是终身教育的重要组成部分，是终身学习的开端，更是教育公平和社会公平的起点，应该特别关注处境不利或有特殊需要的儿童。因此，园长应帮助像帅帅这样的孩子及其家庭逐步克服存在的问题，使其掌握与同伴相处的方法，懂得集体环境中应遵守的规则，成为受同伴欢迎的人。在此基础上，园长还可以向家长们提出，希望他们能够理解帅帅的处境，包容并共同帮助孩子成长，成就孩子的未来，相信多数家长是通情达理的。

三、做出承诺——采取多种方式教育引导并改善现状

在争取家长理解并接受园方的意见、接纳帅帅的同时，老师要高度关注帅帅的行为。园长要举全园之力开展教育研究，制定切实可行、措施得力的教育计划和方案并逐步实施。幼儿阶段是儿童社会性发展的关键期，3—5岁是幼儿自我控制及同伴交往发展的关键期，这一年龄段的幼儿有着极大的可

塑性。因此，班里的老师要在一日生活中时刻关注帅帅，尽量创造有序的环境，建立良好的生活常规，帮他形成较强的秩序感，不断地通过鼓励来强化其良好的行为表现，第一时间发现并制止可能的不良行为，将帅帅对其他孩子的伤害或攻击降到最低。需要时园长可暂时给班里多配一位老师，直至帅帅的行为有所改善。最终联名要求劝退帅帅的家长们接受了园方的意见，事件暂且平息了。然而，帅帅的教育问题，仍任重而道远。

四、家园协同——约法三章，一致解决存在的问题

教育是社会、家庭、幼儿园共同的责任，在某种程度上，家庭担负的责任更大，家长的作用更重要。张园长在处理家长联名劝退这件事的过程中，始终没有让事态扩大，更没有让帅帅的家长介入太多，当然，帅帅的家长还是略知一二的。张园长偶尔也会根据事情的严重程度找帅帅爸爸谈话，虽然家长已表态要配合教育，但情况始终没有得到明显的改善。这件事情发生后，幼儿园约来了帅帅的父母，领导班子成员、班级老师和家长一起郑重其事地开了一次会，张园长提出了今后家园协同、有效配合开展教育的各项要求，并向帅帅的家长明确地指出，帅帅身上所有的问题都是由家长教育方法不得当导致的，要解决帅帅的问题首先应解决家长的问题，如果家长不予配合或配合不到位，不做彻底改变，继续袒护溺爱、简单粗暴，孩子的成长会受到极大的影响。帅帅爸爸诚恳地表示，愿意接受园方的意见，密切配合园方的工作。于是，家园约法三章，达成共识，具体如下：

（1）父母要加强学习，努力改变自己简单粗暴的教育方式，平时多关心孩子，多与孩子交流，从而建立良好的亲子关系。当孩子犯错误时，一定要讲道理，让孩子知道错在哪里、怎样做是对的、如何改正。

（2）父母要当好孩子的"第一任教师"，给孩子做好榜样示范，举止文明，营造和谐、温馨的家庭氛围，与孩子建立良好的亲密关系，给孩子一个安全的成长环境。

（3）家长要信任并配合班级老师，改变祖护溺爱的不良教养态度，当孩子与同伴发生冲突并负主要责任时，家长要接受老师正确的教育建议，与老师保持立场一致，必要时要向对方家长道歉，争取对方的理解。

此后的两年中，虽然不时有问题发生，帅帅家长的教养态度也常常摇摆不定，其他家长也还有一些不满，但总体仍向着理想的方向发展，帅帅有了很大的进步，已顺利毕业并升入了小学。

【温馨提示】

幼儿园承担着培养和教育幼儿的责任，而且《幼儿园工作规程》提出，"幼儿园应当主动与幼儿家庭沟通合作，为家长提供科学育儿宣传指导，帮助家长创设良好的家庭环境，共同担负教育幼儿的任务"，因此幼儿园也要引领和影响家长，使其改变教育观念、学习教育方法、走出教育误区，如此才能真正实现教育功能的最大化。园长只有具备责任感、使命感与专业能力，才能引领家长共同实现教育目标。遇到问题就找家长、指责家长甚至让双方家长去商量解决孩子的问题，或者为了息事宁人而无原则地妥协让步，让家长牵着鼻子走，都不是园长或老师应有的态度。

难题44：开学时间到了，幼儿园的装修工程没完工怎么办？

【案例再现】

2008年暑假，某幼儿园进行改扩建工程，由于天气及奥运火炬传递等因素的影响，工程未能如期完工，导致9月1日开学时，幼儿园操场的一部分被用来堆放建筑材料，影响了幼儿的户外活动，而且幼儿园食堂也无法正常投入使用。要保证即将来园的几百个孩子的一日三餐，还要保证户外活动，李园长一筹莫展。

园长们常常会遇到类似的难题，暑假时间短，装修、改建、维修的工程稍有耽误就难以如期完工，影响幼儿园的正常保教活动，为此，园长们很是头疼。

【案例分析】

近年来，学前教育受到了空前的重视，各级各类的检查评估越来越多，家长们对幼儿园的硬件建设和环境条件方面的要求越来越高，幼儿园间的竞争越来越激烈。为了不影响正常的教育教学秩序，不给家长和幼儿造成不便，多数幼儿园只能利用暑假进行维修、装修和改扩建。往往工期非常紧凑，各道工序环环紧扣，天气稍有不好或几家单位衔接不好，就会导致工期延误，无法正常完工。

如果装修工程出现小问题，不影响正常开学，只是徒增烦恼，也就罢了。有时则可能是大问题，导致幼儿园无法正常开学，很多麻烦也会接踵而来。

有的家长不理解，甚至会叫来媒体或者到教育部门告状，还有的可能三五成群地在幼儿园吵闹，扰乱保教秩序……

【解决策略】

一、遇事要积极面对，相信办法总比困难多

在上述案例中，工程没有完工，食堂无法投入使用，但幼儿园必须正常如期开学。于是，在离开学还有5天时，张园长召集班子成员来园开会，商讨如何应对眼前的状况。经过研究，大家达成了共识：积极面对，回避或隐瞒问题反而会使园方陷于被动。接下来，张园长针对班子成员的专长进行了分工：

（1）撰写"致家长的一封信"，动之以情，晓之以理，争取家长的理解与配合。

（2）寻找并联系一家资质过硬、诚信可靠的幼儿伙食配送公司并与其签订合作协议。

（3）合理分割操场区域，做到既要满足幼儿活动和安全的需要，又要解决建筑材料堆放的问题。

（4）向教育行政等有关部门汇报，说明情况，避免家长因不理解而告状时上级不了解情况。

明确分工后，大家按照时间节点各自分头行动并及时向园长汇报进展情况和遇到的问题，3天不到，所有的问题都顺利地得到了解决，幼儿园于9月1日正常开学，教学秩序井然，没有家长做出出格的行为。

二、态度要真诚友善，争取家长的理解和支持

之所以有如此意想不到的结果，最主要的原因是幼儿园用真诚友善的态度赢得了家长的理解和支持。正式开学的前一天，幼儿园将一封态度真诚、

措辞感人并有明确承诺的"致家长的一封信"张贴在幼儿园最为醒目的位置，并且交代门卫师傅时刻关注并及时汇报家长的异常反应，以确保园领导能够第一时间给予回应。结果，认真读完这封信后，多数通情达理的家长都当场表示，幼儿园也是为了改善办园条件，特殊天气和事件导致的工期延误可以理解，只要解决好孩子的生活和学习问题，保证孩子的安全就行了。此类家长的明确表态对一部分态度中立的家长产生了积极的影响，他们也表示理解。而提意见、表示不满的家长只有个别几个，对于他们的意见，园长不仅虚心听取，而且非常重视，能采纳的都予以采纳，并向他们表示感谢。于是，这一部分家长也做出了让步和妥协，放弃了他们的一些不合理要求，问题得以圆满解决。

三、站在家长的立场，运用同理心换位思考

如果园长凡事都能站在家长的立场上，用同理心去换位思考，就能理解家长的需要和要求，预先想到家长可能会提出的问题和意见，做到未雨绸缪，防患未然，自然也就消除了很多不必要的矛盾和冲突。即便个别家长有些个性化的要求，园长也要从帮助改进和完善工作的角度去思考和认识，用感恩的心去面对那些家长，因为是他们在帮助幼儿园成长。

有了这样的认识和思考，园长就可以预先考虑并主动处理好会引起家长质疑和不满的事情，如：会产生噪音的工程一律放在孩子离园后或来园前进行施工；建筑垃圾即时清理、建筑材料尽量合理归放；科学调整作息时间，保证每个孩子的户外活动……

家长们最关心的幼儿用餐问题是这段特殊时期最为重要的工作之一。经过多方考察，幼儿园决定由一家知名大学的后勤服务集团来配送幼儿一个月的餐食。考虑到配送公司的利润问题，为了不降低幼儿的伙食标准，幼儿园决定将幼儿每天的伙食费全额付给对方后，另以每人每天 2 元的标准补贴幼儿伙食，以保证幼儿的伙食质量。当通过"致家长的一封信"得知此情况时，

多数家长都表示了理解，问题解决得比较顺利。

【温馨提示】

张园长担任园长职务十多年，从未遇到家长因对幼儿园工作有群体性意见而向上级管理单位告状或请媒体出面解决的状况。偶尔个别家长有些想法和要求，她都会以上述三点策略灵活地处理，耐心、虚心地听取家长的诉求，与家长深入地沟通和交流，凡是不合理的要求，沟通交流后家长都会放弃，合理的要求她则积极采纳，即便是比较棘手的问题，双方也都能愉快地解决。作为园长，家长来反映问题时，不能回避，更不能反感，而应热情接待，耐心倾听，换位思考，以真诚、亲和的态度与家长共同分析，进而达成共识。有时"不打不相识"，"问题"家长在后续的相处中，有些会非常支持幼儿园的工作，甚至会成为积极的家长志愿者。

难题45：面对把教育责任推给幼儿园的家长，园长该怎么办？

【案例再现】

早晨赵园长在大门口值班，热情地迎接每一个孩子和家长并向他们问好。优优的妈妈领着优优走过来，面对园长的问候，优优不仅不回应，而且连看都不看园长一眼。这是优优入园近一年来常有的情况。老师多次提醒优优要向老师问好，但效果却不是很好。于是，赵园长说："优优，问老师好啊。"优优毫无表情地看了赵园长一眼依然没说话。这时，优优的妈妈说："如果老师能给孩子多讲一讲，孩子还是愿意听老师话的。"赵园长说："您说得没错，但是家长的言传身教可能更为重要！"

九儿的父母都是国家公务员，平时工作比较忙，九儿是由爷爷奶奶照顾的。不久前的一天上午，九儿在幼儿园发生了一点小意外，问题不是很大，当班老师和保健医生已经做了妥善的处理。按照幼儿园的规定，班级无论发生任何意外事故，当班老师都要向园长汇报。当天王老师向园长汇报了这件事。园长随口问道："孩子的父母是什么态度？"王老师说："父母不太管孩子，很少见到他们，平时都是爷爷奶奶接送孩子，父母几乎都没有主动给我打过电话……"

【案例分析】

类似的案例在幼儿园很常见。很多家长认为，等孩子长到3岁，把他送到幼儿园自己就轻松了，孩子的教育问题是由老师负责的，做父母的可以完全忙自己的事情。白天孩子在幼儿园，晚上爷爷奶奶、外公外婆抢着接、争着带，九儿的父母就这样渐渐地放弃了对孩子的管教。目前幼儿园里孩子的父母大多是第一代独生子女，由于其成长环境的特殊性，他们中的一些人自私、自我、缺乏责任与担当。因此，当他们为人父母后，有相当多的人将带孩子的任务交给了老人。而家里的老人也乐此不疲，非常愿意承担这份责任，不仅出钱（交托费，为孩子购买玩具、学具、食品等）而且出力。由此，就有了案例中优优妈妈把孩子不向园长、老师问好归因于老师的教育不到位，而完全没有意识到自己每天送孩子时没礼貌的"榜样"。还有像九儿父母那样的家长，把孩子交给老人后不管不问，从不主动与幼儿园的老师联系并了解孩子的情况，这些家长都忽视了一个问题：教育是家长和幼儿园共同的责任，在某种程度上，家庭的作用要远大于幼儿园，家长是孩子的第一任老师，家庭是孩子成长中最重要的课堂，家长的榜样示范作用、家长的言传身教对孩子的影响是最为直接和深远的。面对这种状况，园长应如何有效地引领和改变家长的观念？

【解决策略】

一、通过讲座，提高家长认识，转变家长观念

一所有使命担当的幼儿园，不仅应该是孩子成长的乐园、有质量的学园，更应该是帮助家长转变教育观念、引领家长走出教育误区、促进家长提高育儿能力的优秀家长学校，应建立家长学校工作制度，定期或不定期地组织家长学校讲座，开展专题培训，促进家长观念的转变，对家长进行专业的引领。园长或园领导班子成员要定期分析和研究本园家长中出现的问题，针对不同年龄班幼儿家长的具体情况，拟定适合全园家长或不同年龄段家长的讲座专题，通过家长学校开展切实可行、符合家长需求的专题讲座。由园长、保教人员开展的专题讲座有：

《孩子入园,你准备好了吗?》

《帮助幼儿减轻分离焦虑的有效策略》

《〈3—6岁儿童学习与发展指南〉解读》

《现代父母的角色定位》

《怎样做好孩子的第一任老师?》

《幼小衔接,我们该做什么?》

从幼儿小班入园到大班毕业,以上专题将按照顺序依次开展。除此之外,园长还需根据国家学前教育发展的新形势或新动态以及儿童心理发展的需要等,邀请专家学者来园开展专题培训,如"幼儿心理特点解读""幼儿膳食营养的需求与特点""正面管教""儿童绘本阅读的重要性与指导建议"等。在幼儿园家长学校的引领下,家长的教育观、儿童观会发生很大的转变,对学前教育的认识水平与教育能力也会得到很大的提高,家长对幼儿园教育的配合力度也会逐步加强,从而建立和谐融洽、彼此信任的家园关系,形成教育合力。那些原本不太负责任、把教育孩子的责任推给幼儿园的家长,在这种大环境的浸染和影响下,也会慢慢地发生改变。

与此同时,还可规定:无特殊情况,幼儿园的家长学校、家长会原则上必须由孩子父母中的一方参加。这样要求的初衷就是要让孩子的父母尽可能地负起教育的责任,既不能将孩子交给老人全权代管,更不能将教育的责任推给老师。

二、抓住契机,随机引导,引起家长重视

一定要重视每天早晚家长接送孩子的时间,如果没有外出工作或开会,园长应尽可能走出办公室,到院子、到户外、到大门口、到家长中间去,观察家长在接送孩子时的种种表现,敏锐地觉察其教育行为中的问题,并抓住教育契机与家长互动,让家长重视自己在教育孩子中的重要作用,认真负起

责任。如，早晨在大门口值班，园长不仅应主动向孩子和家长问好，而且应关注任何一个不回应的孩子，要么用手拉过孩子，提醒他看着自己问好，要么蹲下来再次向他问好，暗示他的家长——你需要提醒孩子主动问好。如，有家长来找园长反映班上的老师总让孩子带废旧材料，园长就应借机和他交流老师为什么要废旧材料，废旧材料会发挥什么教育功能，而且老师无法为每个孩子提供这些材料，所以，只有家长配合，孩子才能拥有与材料互动的机会，达到预期的教育效果，否则，教育的效果会大打折扣。通过沟通，家长理解了老师的意图，抱怨和不满也随之消失。再如，每天下午离园时间一到，幼儿园的广播里就会播放萨克斯曲《回家》，却总有家长跟没听到似的，不理不睬，任由孩子在园内嬉戏、追逐，还有些家长听到音乐会提醒孩子回家，但没有让孩子把玩的玩具送回原处，此时，赵园长都会走到这些家长面前提醒他应教育孩子做好该做的事情，并要求老师们坚持同样的做法，以引起家长的重视。这些看似不值一提的小事，对学前阶段的幼儿教育而言都是大事。有了这种专注于每一件"小事"的锲而不舍的精神，家长们就会从这些随机的引导中受到启发和触动。

三、搭建平台，组织沙龙，互赠教子箴言

来自其他家长的成功经验、宝贵资源和先进理念更容易被家长们接纳和借鉴，因此，幼儿园应定期有目的地组织和开展家长沙龙活动。一方面，园长或教师可以根据发现的问题提前拟定沙龙的主题，召开教师会议由教师推荐本班这方面做得好的家长，教师会议确定候选人后，由园长单独沟通并确认，邀请他们作为沙龙的主要发言人为其他家长传经送宝。另一方面，可以由班级根据本班存在的家长不重视家庭教育、不配合班级工作、将教育的任务推给老师的情况，上报需要解决的问题，园长或保教负责人广泛征集班级建议，确定家园合作成效显著、善于解决问题的家长作为沙龙的主要发言人，重点做交流发言。沙龙可以定期开展，也可以不定期开展；可以由幼儿园相

关人员主持，也可以由班级家长代表主持。

【温馨提示】

幼儿园园长不仅要善于观察，敏锐地发现问题，更要敢于面对，睿智地解决问题；不仅要培养自己眼观六路、耳听八方的能力，更要养成事不过夜、立即回应的习惯。作为园长，尤其是示范性幼儿园的园长，承担的社会责任比较多，更应该多深入一线，多观察了解，要对自己看到的、听到的事情有反应、有回应、有有效的策略。同时，这样的工作作风也会影响和感染中层管理者和一线教职工。针对家长教养态度、教育理念、家园合作方面的问题，园长一定不能视而不见、听而不闻，因为，孩子的教育无小事。

难题46：如何开好第一次新生家长会？

【案例再现】

新学年开学的第二天，一大早小小的妈妈就来到园长办公室，情绪低落地说："园长，小小昨晚一夜都没怎么睡觉，不停地从噩梦中惊醒，嘴里喊着'妈妈，我不上幼儿园，不上幼儿园'，这是怎么回事？老师是不是打孩子了？"

没过多久，航航奶奶又来找："园长，我们航航昨天第一天来幼儿园都没有哭，老师昨天下午还跟我说，航航好奇心很强，对班里的每一样东西都很感兴趣，就连钢琴下面的踏板他也会用手去摸一摸……可是，他今天早晨怎么也不愿意来幼儿园，一路上都在哭，这是怎么回事呀？"

接下来的一周时间里，园长几乎每天都要接待有类似问题的家长的来访或来电。有的说："孩子回家像饿狼一样，见什么都想吃，你们幼儿园的老师是不是不给孩子吃饭？"有的说："我们家孩子从生下来身体就很好，很少生病，来幼儿园才三天，孩子就发烧了，嗓子也发炎了，是老师不给孩子喝水还是老师对孩子照顾得不细致？"有的说："我家孩子每天晚上都做噩梦，常常会哭醒，老师是不是在孩子哭闹时吓唬孩子或者把他关进黑房子了？"还有的说："我家孩子回家说，老师不喜欢他，都不抱他。这是怎么回事？"……

对于一个刚刚上任不到半年的新园长来说，这一周，是黑色的一周，没想到第一次经历新生入园，家长的这么多问题就一下子摆到了面前。

【案例分析】

每年9月，幼儿园都会迎来一批小班的新生，每一个孩子在入园初期的行为表现都不大一样，但相同的是，大部分孩子都会经历一段哭闹期，短则三五天、一周左右，长则半个月甚至更久。有的来园时和离园前哭闹严重，白天一天基本平静，能正常参加老师组织的活动；有的时断时续，想起来就哭一阵子；有的只是坐在椅子上默默地流眼泪；有的不吃、不喝、不听劝，闭着眼睛一直哭；还有个别的哭着喊着要往室外跑，不愿意待在室内……孩子之所以会有如此不同的表现，除了与孩子的个性和适应新环境的能力有关，更重要的是与孩子抚养人的教养态度、家庭环境、孩子入园前的心理准备等方面有关。但总之，孩子的上述种种表现都是正常的，是幼儿分离焦虑的表现，如果家长和老师密切配合，予以帮助和正确引导，多数孩子的这些表现一周之后会慢慢消失。

上述案例中家长的反应源于他们对孩子分离焦虑的不了解，他们猜测孩子行为表现背后的原因，把问题一股脑地归结于教师。这是摆在每个园长面前的重要课题，园长一定要深入研究，认真分析，在幼儿园保教活动中不但要有应对策略，而且要形成文案，为每一届新生的第一次家长会做好充分的准备。只有开好第一次家长会，才能有效消除家长对孩子入园初期的行为表现的主观猜测，有利于家园关系的和谐，进而得到家长的支持和配合，缩短孩子入园的分离焦虑期，使每一个孩子都能顺利入园。同时，园长应通过第一次家长会向家长说明有关情况，提出相关要求，从而使今后的工作事半功倍。

【解决策略】

新生家长会的主要内容包括以下几个方面。

一、详细介绍幼儿园的基本情况，让家长了解幼儿园

园长对幼儿园情况的详细介绍，有利于新生家长全面清晰地了解幼儿园的全貌，避免偏听偏信和道听途说，对幼儿园产生误解或质疑。在第一次家长会上，一要向家长介绍幼儿园开设的班级情况、分班和编班的依据和原则；二要说明幼儿园的课程架构、开设已有课程的具体原因；三要介绍幼儿园的教师队伍，包括教师的学历情况、年龄结构、班级教师的配备标准以及孩子在园的三年期间是否会换老师、什么情况下才会换老师，并向家长讲明换老师肯定是迫不得已，家长应该理解并配合幼儿园帮助新老师快速成长；四是介绍幼儿园的办园历史、办园特色和园所文化。

二、专业解读幼儿的分离焦虑，让家长读懂孩子的行为

1. 分析幼儿分离焦虑的心理特点

幼儿产生分离焦虑的原因有很多，从心理上分析，主要有恐惧、厌倦和传染三种。

恐惧最为多见，多数孩子因为换了陌生的生活环境，对老师、同伴、物品都不熟悉，生活规律也被打破，内心出现恐惧和不安，因而哭闹、拒食、拒睡、在地上打滚等。

也有个别孩子属于厌倦性分离焦虑，这种症状一般发生在入园后的第二天或第三天以后，这类孩子第一天来园并不哭，因为所有的东西对他而言都是新鲜的，例如上述案例中的航航，慢慢地新鲜感过去了，就会产生厌倦，于是在入园的第二天或第三天以后开始哭闹。

至于传染性分离焦虑，主要是看着别人哭自己也跟着哭，这类孩子都是入园时受别人感染而哭一会儿，其他时间都很好。

园长通过对家长进行讲解，可使家长从心理学角度了解孩子入园初期因分离而焦虑的一些心理特点和原因，做好心理准备。

2. 梳理幼儿分离焦虑的行为表现

园长可以将上述案例中家长反映的问题以及自己过往工作中看到的情况认真地梳理出来，详细地介绍给家长，对于孩子入园后出现的情况，如果家长有了充分的认识，便会正确地理解和接受。

3. 明确家长缓解幼儿分离焦虑的具体要求

园长可以总结以往经验，将有效方法介绍给家长，告知家长一定要配合幼儿园，只有家园协作，要求一致，才能帮助孩子缓解分离焦虑，缩短分离焦虑期，顺利地适应幼儿园生活。园长应提醒家长：

（1）坚持送孩子入园，切忌打退堂鼓。

（2）孩子进班后立即离园，中途不探望。

（3）面对孩子哭闹、焦虑要正面引导，要认识到入园是孩子人生道路上一次必要的经历。

（4）信任幼儿园，信任老师，不要主观分析、判断、演绎孩子的行为表现。

（5）对于焦虑严重的孩子，如果家里有人带，中午可接回，使其逐步过渡、适应幼儿园生活，但一定要和孩子事先约定好中午接回家的时间并遵守约定，不能无原则地妥协和让步。

（6）最初的一周让孩子早上吃饱再入园，避免因来园后哭闹或情绪低落而食欲不好或不进食，影响孩子的健康。

（7）每天回家后要多与孩子谈论高兴的话题，进行正面引导，如：在幼儿园，老师带你们唱歌了吗？老师带你们做游戏了吗？老师给你们讲故事了吗？幼儿园里有那么多的小朋友，你一定很开心吧？……

（8）要以平常心对待孩子的磕磕碰碰及孩子间的矛盾、摩擦，让老师们放下心理包袱，轻松愉快地投入工作。

三、针对家长入园提出严格要求，请家长共同遵守规则

每位家长的教育背景、行为习惯、个性修养、处事原则不尽相同，为了保证幼儿园的管理有序，应交接清楚，保障幼儿接受良好的保育与教育，确保幼儿安全。在家长会上，园长有必要向家长提出幼儿园的管理要求，以取得家长的配合。提醒家长：

（1）要遵守不同季节接送孩子的时间，按时来园。

（2）孩子有病或有事不来园，要向老师请假并说明原因。

（3）按照幼儿园要求，严格使用接送卡接送孩子。

（4）密切关注幼儿园或班级的温馨提示或通知并积极配合。

（5）详细注册家长信息以方便老师联系，如有信息改动应第一时间通知班级老师。

（6）主动配合医生晨检，若在孩子身上发现疑似传染病，请理解配合并带孩子去医院检查和确诊。

（7）真实、准确地向班级老师提供与孩子健康、安全相关的重要信息。如孩子的过敏史及既往病史，孩子来园前的异常表现或症状等。

（8）若孩子生病需留家治疗，病愈后最好观察一天再来园，尤其是出现发烧等症状时。

（9）家长来园请遵守"家长在园行为规范"，维护和保持园内的环境卫生，将自己的交通工具有序地停放在幼儿园的规定区域内，教育并督促孩子用完户外玩具、物品后要将其归位。

（10）积极参与幼儿园组织开展的家园共育活动（开放日、家长学校等），以便清晰地了解幼儿园的教育活动。

（11）通过正常渠道反馈对班级或园所工作的意见，杜绝与教师发生正面冲突，尤其不能出言不逊，损害教师尊严。

（12）接孩子出班级后，若孩子继续在幼儿园玩耍，家长负责看护并确保

孩子的安全。

（13）孩子间发生冲突和问题时，家长不能过多地介入，尤其不能对对方孩子做出不妥的行为。

【温馨提示】

"万事开头难"，开好第一次家长会，对于新生家长来讲尤为重要，也是每一位园长的"必修课"。幼儿园与家长之间形成的契约，不仅解决了家长的困惑，使之初步了解学前教育的专业知识，掌握科学的教育方法，树立正确的育儿观念，而且让家长学会遵守规则、尊重他人，在保教孩子的问题上，与幼儿园密切联系，妥善交接，避免因任何一方不了解情况而使孩子发生意外。园长一定要立足本园实际，认真思考、梳理并形成适合本园的第一次新生家长会的流程和内容，制作好PPT，以供家长学习和了解。

难题47：幼儿在园受伤，园方该如何妥善处理？

【案例再现】

在一次体育教学观摩活动中，老师们都在操场边听课，小一班的刘老师把几十个孩子带到操场中间，简单交代后，便让孩子们开始了热身活动。随后，刘老师带领他们沿操场边跑步。一个小女孩跑着跑着就摔倒了，配班老师赶忙跑过去扶起小女孩，发现孩子的脚不能着地，医院拍片检查的结果是——髌骨骨裂。

户外活动时间，中二班的宁宁小朋友站在体育器械上玩耍，不小心从边上踩空摔了下来，站在不远处的王老师虽然及时发现并迅速地跑过去，可还是没有接住他。宁宁的肘关节骨折了。

一天早晨，晨间活动时，杨老师带着大四班的小朋友开展晨间活动。每个孩子都玩得很尽兴，有跳绳的、拍球的、套圈的，还有三五成群一起玩追逐游戏的。菁菁和几个女孩一起玩"老狼老狼几点了"的游戏，"老狼"转身要抓她时，她转身准备跑回"家"，结果脚下一滑摔倒了，面部被地上的沙粒擦出一条伤痕。

"六一"前夕，李老师正带几个小女孩排练舞蹈。李老师要求孩子们单腿跪地练习一个舞蹈动作。平平没有跪稳，身子一歪就倒了，奇怪的是她的下颌竟然有了一道小口子。

【案例分析】

幼儿由于年龄小，身体控制能力和动作发展协调性不足，自我保护的意识与能力较差，加之目前许多幼儿园班额大，缺乏经验的年轻老师居多，幼儿摔伤、碰伤、烫伤等"事故"时有发生。幼儿运动时摔破了膝盖；户外活动时头上摔了个包；发生冲突，脸被抓破；午睡起床不小心，胳膊蹭破了皮；被饭菜烫伤……这些常发生在幼儿园里的意外事故，一旦发生，就会困扰园长。这其中，除了一些情节比较严重的事故有可能会走法律程序，借助于法律的力量来解决以外，大多数的问题都需要园长来面对并解决。园长究竟如何处理才能让家长满意，使矛盾不被激化呢？

【解决策略】

一、及时就诊，争取有效时间

意外事故发生后，当事教师应马上带受伤幼儿到医务室，由保健医生检查后根据伤势情况做出处理决定。一般的小伤，保健医生能够处理，就由他们按照伤口处理的程序认真地消毒、上药、包扎，确保伤口得到专业的处理，不会感染，不留后患。

如果保健医生经初步诊断，认为幼儿园医务室无法处理伤势，如受伤幼儿需要缝针或拍片进一步检查，那么保健医生同班级教师应立即将孩子送往附近医院，同时，通知家长赶往医院。如果家长对就诊医院、处理方式、检查项目等有自己的要求和想法，只要不过分，幼儿园就应尊重家长的意见，与家长达成共识，尽量不要因此产生分歧，更不要因为医药费的多少而纠缠不休。如果幼儿伤势严重，需要住院治疗，期间幼儿园应该主动提出协助陪护和送餐等，尽最大的努力感动家长，争取后续进一步解决问题。

二、主动真诚，说明事故原因

幼儿在园，无论发生什么意外事故，作为老师或园方，都应该主动真诚地向家长说明事故原因，尊重家长的知情权。擦破点皮的小伤，即使在幼儿园医务室已经做了有效的处理，也应让当事教师或委托当班教师在家长接孩子时主动真诚地向家长说明情况，并向家长致歉，争取家长的理解和包容，切不可认为这是小事而不重视，等家长发现并追究时，园方就会处于被动地位。凡是需要送医院就诊并处理的伤害事故，当事教师应在家长赶往医院后择机向家长说明。总之，事故发生了，不要遮遮掩掩，让家长产生怀疑会不利于后续问题的解决。

三、及时探望，争取家长谅解

幼儿在园发生烫伤、骨折甚至更为严重的意外事故时，无论法律怎样规定，幼儿园或多或少都负有责任，因此，园长不要强势处理，逼家长走法律程序，那样于人于己都没有好处。当类似的事故发生后，园长不仅应和班级教师一起送孩子到医院，积极配合医院治疗，还应该及时到家里或医院探望孩子，真诚地向家长表达歉意，争取家长的谅解，安抚家长的情绪。不管伤害多意外，多难以避免，它给孩子带来的伤痛和给家长带来的麻烦都是不言自明的，园长一定要用同理心来对待发生的事情，理解家长的心情，使事情得到妥善的处理。

四、分析原因，反思并教育团队

事故发生后，园长还要做的一项非常重要的工作是与当事教师认真分析事故发生的原因，寻找规避的方法，进行有效的反思，同时，还要组织全体教师剖析发生在自己身边的鲜活案例，从中吸取教训，从而避免类似的问题再度发生。

【温馨提示】

《中华人民共和国民法通则》规定，不满十周岁的未成年人是无民事行为能力人。一般情况下，父母是监护人，对其负有监护责任，无民事行为能力人造成他人损害的，由监护人承担民事责任。同时，《中华人民共和国教育法》第49条规定：未成年人的父母应当配合学校，对其未成年子女进行教育。也就是说，父母对在校学习期间的未成年子女仍负有法定的监护职责和配合学校进行教育的义务。幼儿园或班级应该通过家长会或其他家园联系和沟通的方式，向家长进行讲解和说明，希望家长对孩子进行必要的安全教育，配合幼儿园共同培养和提高孩子的安全防范意识和自我保护能力，并且在学会保护自己的同时做到不伤害他人。

最高人民法院《关于贯彻执行〈中华人民共和国民法通则〉若干问题的意见（试行）》第160条规定：在幼儿园、学校生活、学习的无民事行为能力人，受到伤害或者给他人造成伤害，单位有过错的，可以责令单位适当给予赔偿。同时，《中华人民共和国侵权责任法》第38条规定："无民事行为能力人在幼儿园、学校或者其他教育机构学习、生活期间受到人身损害的，幼儿园、学校或者其他教育机构应当承担责任，但能够证明尽到教育、管理职责的，不承担责任。"

一般情况下，如果家长不主张通过法律程序处理，幼儿园在家长没有提出过分要求的前提下，最好是协商解决。另外，从情感角度而言，只要园方态度真诚，积极主动，家长一般都不会过分索赔。

难题48：面对被"针扎"的棘手事件，园长如何处理？

【案例再现】

黎园长在三楼查班时，接到保教主任张老师的电话："园长，您在哪儿？我在一楼卫生间，中一班源源的爸爸妈妈带着源源在保教室等我呢，他们说李老师用针扎了源源。我刚才看了孩子的胳膊，上面有个针尖大小的结痂，但不能确定是不是针扎的。另外，源源妈妈说针管还在班级的搁架上。我刚才趁机去了班上，问大家源源有没有被李老师扎针，孩子们有的点头、有的摇头，李老师矢口否认，说针管是班主任从医务室借来消毒手指的。不过，针管就放在源源妈妈说的那个搁架上。怎么办？"

黎园长明白了张主任惊慌失措的原因，果断地说："咱们一起去保教室和家长直接沟通，进一步了解情况。不管情况怎样，都要敢于面对事实！"

【案例分析】

（1）家长、社会及幼儿园谈"针"色变。近年来，全国各地陆续发生了几起性质不同的"扎针"事件，在社会上造成了极为恶劣的影响。每当遇到新闻媒体曝出类似的消息时，家长就要询问孩子："在幼儿园有没有人拿针扎过你？"全社会"谈针色变"，导致有些地区的教育主管部门迫不得已地规定幼儿园的墙面装饰不可以使用"工字钉""彩色图钉"等有"针"元素的材料，这些表面上的防"针"于未然，其实是对幼儿园良好的教育生态环境的一种变相碾压，家庭与幼儿园之间的关系也变得格外紧张。

（2）极大的"不信任"带给幼儿园及教师的巨大压力。屡屡曝光的针扎事件，必然引发社会对师德的拷问，一旦类似的事件被报道，社会和家庭就会对所有的幼儿园再次投来质疑的目光。家长对此类事件大都抱着"宁可信其有，不可信其无"的观点，致使有些事件并非针扎，却被"针扎"，事件真相被掩盖，造成极坏的社会影响。某市还曾发生过这样一起事件：家长怀疑教师针扎孩子后，教师蒙冤，声明要去状告家长。双方僵持不下，彼此恶意中伤，而媒体的介入导致事件发酵。家长见难以收场，居然伙同朋友在教师下班的路上对其进行堵截，逼迫其承认用针扎过孩子，教师当场"就范"之后报警。结果家长一方的相关人员虽接受了法律的惩处，但教师却因无法释怀，最终告别了幼教行业。显而易见，在这样的事件中，没有胜方，双方都是受害者。

（3）因幼儿的年龄特点而导致一些误会。有一些家长因过分焦虑或不信任幼儿园，在和孩子对话时，往往会直接问："今天谁欺负你了没有？""老师打小朋友吗？"甚至引导孩子："老师用针扎小朋友吗？"而幼儿因为年龄的特点，往往会把想象的事情当作真实发生的事情，或出于对成人的问题判断不准确、理解和表达能力有限等原因，容易用重复或肯定的语句来回答家长，使家长产生误会。久而久之，家园矛盾激化，家园沟通出现问题。

（4）幼儿园必须正面应对。当然，极个别幼儿园，由于管理或师德问题，发生针扎或者类似针扎的体罚事件后，园方（园长）担心荣誉受损，就想办法隐瞒，最终适得其反。所以，不管上述案例中教师针扎孩子的事件是否属实，黎园长都必须果断地去面对，这也是敢于担当的体现。了解真相，让事实说话，这才是解决问题的合理方式。

【解决策略】

一、走近幼儿，了解真相

在保教室里，黎园长和保教主任向源源的父母详细地了解了情况：妈妈昨晚给源源洗澡时发现他左腕内侧有一个小小的"针眼"，源源开始说不清楚，但后来妈妈和源源谈了半天话，弄清楚就是李老师扎的。黎园长看了看源源的胳膊，源源的手腕处果真有一个针尖大小的结痂，如同蚊虫叮咬挠破后快要恢复的样子。

源源此刻很紧张，黎园长不想当着家长的面再追问源源相关的问题。她看了看家长，对张主任说："你先带源源到班级里，再把李老师叫来，大家当面了解这件事情。"源源妈妈立即说："园长，只要你们能够重视这件事情，我们做家长的也就不多说什么了。我们的要求就是把她（李老师）调离这个班级。反正以后不和她在一起，也就不用她澄清这件事情了，免得大家都尴尬。"

黎园长说："源源妈妈，这件事情幼儿园会尽快调查并从严处理。整个处理情况我们后续再详细沟通。"源源妈妈说："还是直接把李老师调走比较好！"

黎园长送走家长，把源源带回中一班。此时班级在进行集体活动，源源搬了小椅子坐下来后却心不在焉，小屁股在椅子上晃来晃去。张主任看看源源，又看看源源旁边的小朋友，问："源源的胳膊上有个小针眼，小朋友们知不知道是谁扎了源源呀？"小朋友们都摇了摇头。帅帅说："源源不听话！李老师说，谁不听话，她就用针扎谁！"

大家一听都明白了。张主任又问："那李老师用针扎源源了没有啊？""没有，没有。"帅帅摇着头、摆着小手说。

之后，张主任让班主任再悄悄地和源源谈话。结果，源源十分清楚地表达："妈妈说，要是园长问起来，就说是李老师扎的。"

二、走近教师，分析问题

黎园长把张主任和李老师叫到办公室，详细地了解了情况，李老师承认自己用针管"吓唬"过小朋友，但绝没有用针扎孩子。源源太调皮，不听话，当时看见班主任用针管消毒手指，李老师就连想都没想，顺口说出了不合适的话。

至于针管为什么会出现在搁架上，也是因为班主任觉得自己天天去医务室太麻烦医生，还耽误时间，而搁架又很高，小朋友们够不着，所以才放在那里的。

黎园长随即引导李老师进一步地思考：为什么家长会借此来"诬陷"老师呢？

李老师无奈而又委屈地说："我也不知道，源源妈妈怎么都看不上我。可能还是平时我对源源要求严格了吧。"

黎园长语重心长地说："小李老师，你确实年轻，对待源源太急躁，缺乏方法。你不喜欢源源，源源自然就不喜欢你。这就如同照镜子，你和镜子中的自己，喜怒哀乐是完全同步的。你不喜欢源源，源源妈妈的心里会多难受啊，久而久之，就会积怨。你要知道自身存在的问题，你的教育方法与经验还很欠缺，意识不到语言恐吓给孩子及其家人带来的影响。你也知道，没有一个孩子是不怕打针的，用这样的方式吓唬孩子，起不到一点教育作用。而且，其他孩子回去和家长再说起来，会产生更大的误会。对于这件事情，我们该好好反思啊！"

三、进入事实，深刻反思

黎园长立即组织并召开了园务扩大会议，保健室的3名保健医生、中一班的3名教师都参加了会议。大家理顺了事情的前因后果，结合相关部门及保教室、班级的实际工作，开诚布公，进行了充分的交流。

李老师已经非常清楚地意识到了自己的问题所在，懊恼至极，不断地自责，她确实也没想到随口一句话就成了变相体罚，最后忍不住哭了起来。班主任张老师觉得自己不该把针管放在搁架上，而且有时候还当着小朋友们的面进行消毒。保健室的小王医生觉得自己最不该私自让班级老师带走针管和盐水，当时没觉得有什么大不了的，现在才知道自己的做法太随意，而张医生也反思了自己的默许。

黎园长语重心长地说："今天叫大家来，不是让大家进行自我批评的，最重要的是下一步咱们应该怎样做。咱们要解决的问题有二。首先就是让源源的妈妈认识到'教唆'孩子的这种行为是严重错误的，对幼儿园、对教师尤其对源源的发展都极为不利，应尽快想办法消除这件事情对彼此造成的不良影响。其次就是大家如何在工作中进一步规范教师的教育行为，全面改善并提升幼儿园的保教管理水平。不过，这件事情的发生与保教室、保健室的管理均有直接的关系。尽管目前没有造成严重的后果，但必须根据幼儿园奖惩制度对此事的相关人员做出处罚。大家要引以为戒，下不为例。"

四、约见家长，真诚沟通

接下来，黎园长与保教管理人员及班级教师一同约见了源源的父母。李老师先真诚地进行了道歉，表示自己在教育方法上有欠缺，有不合适的言语，自己平时性急、不够耐心，以后一定会努力向优秀的教师学习并改正自身缺点，同时也请家长相信，她从没有过任何针扎孩子的行为。班主任如实地陈述这件事情的始末，证明针扎源源完全不属实，也请家长关注孩子的身心健康，给予孩子正确的引导。

源源父母一开始并不配合，一口咬定是李老师扎的，但看到两位老师说话都很诚恳，加上李老师一直在抽泣，哽咽得几次都说不下去，就有了恻隐之心。他们只好敷衍地说，可能孩子把想象的事情当真了，等他们回头再和源源沟通，他们也愿相信老师没有针扎孩子。

保教主任假装着急地制止家长："源源妈妈，我的想法是，这件事情不要再和孩子沟通了。反复在孩子面前说，只能给孩子造成更大的心理压力。还不如让这件事情早点过去，让源源轻轻松松地生活和学习。"如此给了家长台阶，源源的父母也表示配合，没有再提换老师的事情。

黎园长也表达了歉意，表明大家都已经了解了事情的真相，不必过度纠结，幼儿园一定会加强管理，引导教师用更科学的方法来实施教育。虽然老师没有针扎孩子，但是对于相关的管理人员及教师，幼儿园已经按照惩处制度进行了处理。作为园长，自身也存在管理不周的问题，必须陪罚并接受监督，以后会多深入一线，关注孩子的成长，关注教师的专业发展。

"当然了，在此我们也更想听听家长的感受。"黎园长又补充了一句。

源源的父母一时怔住了，沉默了一下才说："幼儿园从园长到老师，有这样的态度，是我们没有想到的。在此表示感谢！源源很淘气，给老师添了很多麻烦，我们也很抱歉。但是不打不相识，通过这件事情，我们也理解了幼儿园，理解了老师。说真心话，作为家长，我们都希望幼儿园优质、教师优秀，孩子发展得更好，我们也期待以后有更多与幼儿园沟通的机会。"

【温馨提示】

近年来，媒体对一些负面"事件"的曝光加剧了家长对幼儿园的不信任感，影响了家园之间的关系，对学前教育事业的健康发展造成了不良影响。但由于幼儿园教师队伍缺口太大、教师素质良莠不齐，体罚甚至虐待儿童的事件时有发生。园长应加强师德教育，优化幼儿园教育环境，提升教师专业能力，提高教师待遇，教师能够安心地工作、科学地组织保教活动是避免其不良行为的前提。

事件发生后，园长更需积极面对，不能回避，应了解真相，分析原因。若属于教师师德的问题，绝不姑息并严惩不贷；若另有蹊跷，则多方调查了解,既不能偏袒教师,也不能纵容家长对教师的无端怀疑或诬陷。在保护孩子权益的同时,对教师尊严与权益的保护也是园长应尽的责任。

难题49: "不同寻常"的意外事故发生时,园长该如何应对?

【案例再现】

下午起床后,中五班的仔仔跑到班主任郭老师的面前,紧张地说:"郭老师,我刚才吃了一颗小钉子。"郭老师一听吓坏了,仔细地向他询问情况,他说自己中午睡不着觉,就把口袋里的小钉子拿在手上玩,后来就把钉子吃下去了。

仔仔午睡时很少能正常入睡,午睡值班的保育员王老师就经常坐在仔仔旁边看着他,强制要求他入睡。郭老师赶快叫来值班的王老师,王老师回忆她中午共两次约10分钟都在单独看管仔仔,并没有看见他吃东西。

再说仔仔这个孩子,异常聪明,淘气好动,善于表达,虽然有时候喜欢搞点小恶作剧,但是从不撒谎。郭老师觉得不能再耽误时间了,赶快先带他去了保健室,同时把这件事报告给了总值班,总值班又第一时间报告了吕园长。

【案例分析】

由于教育对象的特殊性,幼儿园内发生意外事故在所难免。一般情况下,幼儿在园发生意外事故,园长需要做到以下几点:

(1)立即告知家长。据有关调查结果显示,家园之间最容易出现矛盾的情况就是幼儿在园发生事故,绝大部分家长会将幼儿在园内发生的意外事故归结为责任事故,而且会认定幼儿园在处理这些意外事故的过程中多少存在隐瞒的情况,对整个事故的处理过程易产生质疑。因此,只有让家长完全跟进、详细地了解事情经过，才会减少家园矛盾。

（2）立即送孩子去医院诊治。幼儿园要尽快通知家长，更要快速地做出反应，及时救治幼儿，将事故的危害降到最低程度。幼儿园都配有保健医生，但因为设施设备或者其他情况，有些伤情保健医生无法处理，应带幼儿就近尽快就医，防止误判或延误病情。在处理过程中，一定要多估计孩子的受伤害程度，避免耽误孩子的治疗。

（3）及时进行家访。事故发生时，家园双方都忙于关注孩子的救治，当孩子的情况稳定下来后，园方一定要安排教师家访，和家长及孩子多沟通，通过交流增进家园之间的理解和信任。

在上述案例中，仔仔主动向老师说自己吃钉子一事，就需要园方多一道判断的程序：仔仔到底吞下钉子没有？到底要不要去医院进行诊治？在不确定的情况下，要不要先告知家长？

【解决策略】

闻讯而来的吕园长又和保健医生一起耐心地对仔仔进行了询问。仔仔看起来仍然没有任何异常，可无论怎样问，仔仔始终都认真地说自己就是吃下去了一颗小铁钉。

一、尽早联系家长，如实告知家长所有情况

吕园长觉得无法确定仔仔是否吞下了小铁钉，幼儿园保健室又没有相关设备，必须马上把孩子送往医院检查。最重要的是，一定要让家长知晓所有情况。

令人感到意外的是，当班主任把情况告知仔仔妈妈时，妈妈要求和仔仔通话，不到两分钟，妈妈就在电话里告知郭老师："不用麻烦幼儿园了，我也不去幼儿园了。仔仔没事儿，他没有吃下钉子，你们都放心吧。"大家面面相

觑,不知所措。

吕园长把仔仔叫过去,再次和仔仔聊天,结果仔仔说:"妈妈肯定不相信我,我就跟她说我没吃。"吕园长一听,很坚决地说:"走!去医院!再次告知仔仔妈妈,让她直接去医院会合!"

二、及早送诊,科学治疗,保证孩子健康

大家用最快的时间赶到儿童医院并带仔仔做了检查,结果出来了:仔仔的胃里有一颗长约3cm的铁钉!医生迅速实施手术,最终顺利地取出了铁钉。大家又惊又怕,刚赶来没多久的仔仔妈妈惊呆了,连医生都很生气地责怪大家:"你们怎么能让孩子带钉子呢?!"

经过仔仔妈妈的回忆,大家才弄明白了仔仔吃钉子的来龙去脉:仔仔家新装修,妈妈周日带他去过。当时装修的几个工人叔叔给了仔仔几颗小钉子,仔仔便把钉子装进了裤子口袋,有一颗钉子就掉到了裤子口袋的夹缝里。这期间妈妈给他洗过一次裤子,还特意掏了口袋,都没有发现铁钉。今天午睡的时候,仔仔闲着无聊,不知怎么就从裤子口袋里弄出来这颗铁钉,玩着玩着,不知怎么就放进嘴里了……幸亏仔仔善于表达,否则后果不敢设想。大家都被吓出了一身冷汗。

三、客观分析,积极反思工作细节

最终,仔仔妈妈用医疗保险报销了一部分的诊治费用,幼儿园支付了剩下的医疗费。事情处理完毕,吕园长还是把相关人员召集在一起进行了讨论。她说:"通过分析仔仔的行为,我们必须建立新的预案,也就是任何意外事故一旦发生,一定要多想、多做,就像仔仔今天说自己吃钉子了,更要宁可信其有,哪怕检查的结果是他没有吃钉子,也不可以放弃检查的机会,否则后果不堪设想。"她引导大家主要关注以下几点:

(1)不断加强晨检工作。对于幼儿携带的物品要彻底检查,继续向家长

宣传晨检的必要性和重要性，让家长在家里就把好晨检关，积极配合幼儿园的要求，引导孩子正确地玩玩具、使用物品，不携带不安全的物品入园。

（2）意外事故发生时，要积极关注孩子的心理发展。既然事情已经发生，就不要再去指责孩子，更不能在全班小朋友面前大说特说这件事。还要与家长沟通，建议家长科学地对待孩子，以防给孩子造成更大的心理压力。

（3）任何事故，一定要第一时间告知家长，不能有半点遮掩，以免导致家园之间出现隔阂，达不到教育的目的。

【温馨提示】

首先，幼儿在园发生事情一定要第一时间告知家长，保证家长的知情权。这所幼儿园在处理事故时始终让家长第一时间知情，这一点是值得肯定的。也正是因此，家长对幼儿园才极其信任，甚至不相信孩子会发生意外。但这样的情况毕竟是少数，所以幼儿园的态度一定要坚决，一旦幼儿发生了事情，务必紧急告知家长。

其次，幼儿园一定要经常对保教人员进行一些简单的急救培训，以免不适宜的措施给孩子造成二次伤害或贻误救护良机。如，一个幼儿不小心把热汤洒到胳膊上，毫无经验的年轻教师慌了手脚，第一时间先给孩子脱衣服，后果将不堪设想。孩子摔伤、碰伤后要用冰块冷敷，特别是在冬天，一定要给冰块外面包裹一块干一些的毛巾，以免对孩子造成刺激。保教人员只有掌握了正确处理各种意外事故的基本常识，才能抓住时机，避免更多伤害的产生。

最后，当幼儿的意外事故导致家园纠纷时，双方都有权采取法律措施。要特别注意的是，幼儿园在任何时候都要有良好的、积极的态度，以防因为态度的问题而激化矛盾。很多时候，事情本身并不严重，却因双方态度导致矛盾激化。当然，如果园方始终能积极处理，即使家庭一方不依不饶，幼儿园也不必惊慌，以合理合法的方式应对和解决即可。

难题50: 家长强烈要求在教室里安装监控，园长该怎么办？

【案例再现】

近期，媒体接二连三地报道各地幼儿园的"虐童"事件，××幼儿园小二班的许多家长坐不住了。这不，小二班的10位家长联名写了一封邮件，并把邮件发到了甄园长的邮箱。邮件内容如下：

尊敬的甄园长：

您好！

我们是小二班的家长，本想一起去办公室找您，但是觉得太打扰，就以邮件的形式先和您沟通。

我们主要是想和您探讨一下幼儿园教室内安装监控的事情。据我们了解，周边的幼儿园里，没有做到监控全覆盖的幼儿园占少数。咱们幼儿园在孩子的服务方面一直都做得很好，我们也是考虑口碑好才选择贵园的。虽然孩子们入园时间不长，但是我们已经感受到了老师对孩子们的关心和照顾。

我们这10位家长中有6位是全职妈妈，如果在家里能通过手机看到孩子们在幼儿园的活动那就更好了。在咱们幼儿园像我们这样的家长想必为数不少，大家的想法肯定是一致的。所以我们集体"请愿"，烦请园长考虑在幼儿园里安装监控。如果有资金上的问题，我们家长可以考虑公摊，实时观看视频的网络费用我们更是无条件支付，请甄园长放心。

谢谢您，给您添麻烦了。

祝您工作顺利！

小二班 10 位家长
×年×月×日

甄园长看完邮件后笑了，家长不只是担忧自己的孩子在幼儿园被"虐"，还想借此机会能远程随时看到孩子的在园情况。

【案例分析】

目前，国家没有政策文件规定"幼儿园必须安装摄像头"，部分地方政府为了安全管理，要求幼儿园必须安装监控摄像头。随着网络技术的发展，一些幼儿园应家长要求将实时监控视频挂在网上，以方便家长随时观看。

甄园长从事幼儿教育工作近30年，见过的家长不计其数，换位思考，她完全理解家长的这些需求。但是，她一直坚守着一条底线：教室内尽量不装监控，实时监控更不行。原因有以下几点：

（1）视频监控就是让家长在看不见的观众席里，看老师戴着镣铐在台上跳舞，这会给老师造成巨大的工作压力，会直接影响老师在工作中自然、本色的表现，丧失很多本应该正常利用的教育契机，严重违背教育规律，甚至还会影响到孩子的表现。

（2）实时监控虽能让家长掌握孩子在幼儿园的情况，但它的公开与传播却在无形中暴露了孩子的隐私，也侵犯了其他孩子的隐私。媒体报道的一些通过非法手段窃取信息而发生的恶性事件骇人听闻，这对于家庭来说是灭顶之灾。

（3）如果幼儿园只有通过监控才能获取家长的信任，那就意味着幼儿园的教育本身已问题严重了。通过技术化手段加强监管只是保障幼儿权益的辅助手段。

在幼儿园的教室是否安装监控的问题上，园方与家庭往往容易产生分歧，绝大部分幼儿园其实并不是很愿意在教室里安装监控。近几年来，许多新开的民办幼儿园在此方面较为主动，其中不乏有用监控来吸引更多家长的意图，也有的幼儿园通过家长收看实时监控收取高于成本的费用。而大多数的家长却觉得监控是监督孩子安全的最好方式，区区一点费用不算什么。

很显然，甄园长的想法代表了绝大多数幼儿园园长的观点。那么在这件事情的处理上，到底是选择赢得家长的"信任"，还是选择坚持教育初心，恪守教育规律，维护教师尊严呢？

【解决策略】

甄园长想了想，决定同样以邮件的形式回复家长。

小二班的家长：

你们好！

邮件我已收到，非常感谢你们对幼儿园的信任和理解。更感动于你们的细致与体贴——怕打扰我的工作，不是一起来找我，而是用邮件沟通。有你们这样的家长我感到欣慰和温暖！

监控设备是幼儿园办园的基础设备。我园的硬件设施在咱们这个区是数一数二的，想必家长都已经了解了。除公共区域及部分工作区域有监控外，所有的教室内目前没有安装监控的原因，既不在于想节约开支，也不在于幼儿园的理念不新，不愿接受实时监控这样的新事物。

我曾经在一线工作了15年，体验过幼儿园老师的不易，更能感受到自然的环境下老师工作的成就感。不怕你们笑话，刚毕业那阵，我在工作中充满热情，和小朋友互动得特别好，结果园长查班时站到我面前看了一下，我立时就不知所措了，紧张得不得了。现在的年轻老师，他们比我那个时候更富有热情，更具有思想和个性，如果我们能够给予老师们足够的信任，他们就会把这种信任传递给孩子。而幼儿园用监控监督老师有悖于那份宝贵的信任。尤其在实时监控下，他们怎能不担心自己说错话，甚至一个动作、一个表情都只得以"表演"的态度来完成。

还有一点——监控总有盲区。有一所幼儿园就发生过一起投诉，家长认为老师把孩子拉到监控看不见的地方进行了体罚，老师觉得家长的误会是对自己的侮辱，双方各执一词，矛盾不断激化。家长叫来媒体，老师要起诉家长，不但造成了不良的社会影响，而且家长愤然给孩子退园后，周边的幼儿园也都不敢接收孩子。这件事情说明监控并不能证明一切，家长从监控中看到的内容不能全方位地反映班级活动的全部。

咱们这10位家长要求安装监控的时候，还有一些家长却恰恰对此有所异议。开学第二周的家长委员会上，大部分家长对幼儿园教室安装监控，尤其是对实时监控表示了强烈反对，更多的人考虑到孩子的隐私以及孩子背后的家庭隐私问题。当然，这也和家长对幼儿园及老师的深度了解相关。这种相互的信任完全可以代替家长对监控的依赖。

亲爱的家长们，我还有一个想法，就是通过观察孩子每天愿不愿意上幼儿园来判断老师对孩子的态度。如果一个孩子不愿上幼儿园，除身体不适的客观原因外，一定就是因为老师没有获得孩子对他的信任。在这里也顺便请大家在遇到这种情况的时候务必和我沟通。

尊重孩子、保护孩子的隐私，尊重老师、理解老师的付出，给他们一个自然而又自由的环境，这是我们共同的职责和义务。

再次感谢家长的理解与支持！

甄××
×年×月×日

甄园长的回信很快就得到了家长的认可，家长们也释怀了很多，回想起他们的孩子除了在入园第一周哭闹过，此后的每天都是高高兴兴地上幼儿园，他们也就没有什么可担忧的了。

【温馨提示】

围绕幼儿园教室内是否安装监控的问题，甄园长以邮件的形式平心静气地与家长进行了沟通，家长们最终也认同了甄园长的观点和做法，双方达成了共识。可见上述案例中甄园长的处理方式十分得体，而且效果良好。

园长在安装监控的问题上一定要客观冷静。既要理解家长，又要维护幼儿园及教师的尊严；既不跟风用实时监控来吸睛，又不可强势地对待家长，造成不良的社会影响。只有家园之间相互理解、相互尊重，遇到问题心平气和地沟通，才能解决每一个家庭的后顾之忧。

万千教育 学前教育类书目

书号	书名	著、译者	定价(元)
幼儿园区域活动指导			
1935	幼儿园户外环境创设与活动指导（全彩）	董旭花 等 著	72.00
2103	幼儿园社会区材料设计与评价（四色）	王微丽 霍力岩 主编	60.00
1950	幼儿园科学区材料设计与评价（全彩）	王微丽 霍力岩 主编	60.00
1951	幼儿园生活区材料设计与评价（全彩）	王微丽 霍力岩 主编	60.00
1782	幼儿园数学区材料设计与评价（全彩）	王微丽 霍力岩 主编	60.00
1800	幼儿园语言区材料设计与评价（全彩）	王微丽 霍力岩 主编	60.00
2598	幼儿园艺术区材料设计与评价（全彩）	王微丽 霍力岩 主编	60.00
9613	幼儿园区域活动 ——环境创设与活动设计方法（全彩）	王微丽 主编	60.00
9149	小区域，大学问 ——幼儿园区域环境创设与活动指导	董旭花 等 著	30.00
9548	幼儿园创造性游戏区域活动指导 （角色区·建构区·表演区）	董旭花 等 编著	32.00
9549	幼儿园自主性学习区域活动指导 （生活操作区·美工区·益智区·科学区）	董旭花 等 编著	35.00
0156	幼儿园区域活动现场指导艺术 ——透视38个区域故事	董旭花 等 著	38.00
9134	如何有效实施幼儿园主题性区域活动	秦元东 等 著	24.00

7937	幼儿园科学区（室）——科学探索活动指导117例	董旭花 主编	28.00
幼儿园区域活动指导合计			679.00
幼儿园园所管理			
2102	破解幼儿园园长的50个管理难题	苏晓芬 等 著	48.00
1784	幼儿园危机管理策略与实例	周丛笑 等 编著	52.00
1596	幼儿园安全管理策略	张春炬 李芳 主编	42.00
0039	园本培训促进幼儿教师专业发展	晏红 著	32.00
9883	幼儿园教研活动设计与实施	莫源秋 著	32.00
9620	幼儿园保育员工作指南	伍香平 等 主编	20.00
9438	幼儿园园长的领导艺术	任民 李迎春 著	32.00
9006	幼儿园园长临场应变技巧50例	卢俊 著	20.00
9012	幼儿园园长易犯的80个错误	伍香平 主编	25.00
幼儿园园所管理合计			303.00
幼儿园教师专业成长指导			
2113	做会沟通的幼儿教师	胡剑红 等 主编	38.00
2236	幼儿园文案撰写规范与技巧	刘敏 等 著	52.00
2311	幼儿园探究性环境创设（四色）	康丹 等 译	48.00

……

欲了解更多图书信息，请登录：www.wqedu.com
联系地址：北京市西城区三里河路6号院2号楼213室　万千教育
咨询电话：010-65181109，65262933

*本目录定价如有错误或变动，以实际出书为准。